Marina & Ralph Kähne

Urlaub auf Usedom?
Nicht dein Ernst, Schatz!

Die ultimative Erleuchtung für alle, die nicht glauben,

dass die Ostsee cooler ist als die Karibik

Impressum:

Bibliografische Information der Deutschen Nationalbibliothek: Die Deutsche Nationalbibliothek verzeichnet diese Publikation in der Deutschen Nationalbibliografie; detaillierte bibliografische Daten sind im Internet über dnb.dnb.de abrufbar.

Verlag: BoD · Books on Demand GmbH, Überseering 33, 22297 Hamburg, bod@bod.de

Druck: Libri Plureos GmbH, Friedensallee 273, 22763 Hamburg

ISBN: 978-3-8192-1033-4

Inhaltsverzeichnis

Buffet-Beichte

Es gibt Momente im Leben, die man nie vergisst. Für mich war es der Moment, als ich nach drei Wochen Karibik-Kreuzfahrt wieder zu Hause vor unserem Badezimmerspiegel stand. Thomas und ich versuchten bereits seit geschlagenen fünf Minuten, gleichzeitig in den Spiegel zu schauen, was aufgrund unserer neu gewonnenen Körperfülle zu einer interessanten choreographischen Herausforderung wurde. „Sandra, rutsch mal ein Stück zur Seite", murmelte Thomas, während er verzweifelt versuchte, sein komplettes Spiegelbild zu erfassen.

All Inclusive bedeutet eben NICHT, dass man ALLES essen muss — diese Erkenntnis kam uns allerdings erst jetzt, wo wir die Quittung für unseren kulinarischen Größenwahn präsentiert bekamen. Die vergangenen drei Wochen hatten wir damit verbracht, dem Buffet-Personal zu beweisen, dass sich ihre Arbeit lohnt. Immerhin hatten die armen Menschen sich solche Mühe gegeben, täglich neue Köstlichkeiten zu kreieren. Es wäre ja geradezu unhöflich gewesen, nicht von allem zu probieren.

Natürlich begann jeder Tag mit dem festen Vorsatz, uns zurückzuhalten. Doch spätestens wenn der Duft von frisch gebackenen Croissants durch das Restaurant wehte, war es um unsere Selbstbeherrschung geschehen. Das Frühstücksbuffet war dabei nur der Anfang einer täglich wiederkehrenden Völlerei. Zwischen den üppigen Hauptmahlzeiten gab es ja noch die Nachmittagssnacks am Pool, die Mitternachtsbüfetts und die scheinbar nie versiegende Quelle an Cocktails.

Mein Thomas entwickelte während der Kreuzfahrt erstaunliche Fähigkeiten. Er konnte blind den Weg zur Eiscreme-Station finden, hatte ein übernatürliches Gespür dafür, wann die Pizza-Theke frisch bestückt wurde, und schaffte es sogar, gleichzeitig einen Teller mit Desserts zu balancieren und sich einen weiteren Mojito zu organisieren. Seine neue Superheldenfähigkeit: das gleichzeitige Verdauen von vier verschiedenen Nationalitäten-Küchen.

Ich selbst perfektionierte währenddessen die Kunst, meine Teller so zu stapeln, dass ich den doppelten Umfang an Speisen transportieren konnte. Meine Spezialität war das strategische Buffet-Scanning: Erst eine Runde zum Überblick, dann gezieltes Zuschlagen bei den Highlights. Wobei sich die Anzahl der Highlights im Laufe der Reise stetig erhöhte.

Die anderen Passagiere waren auch keine große Hilfe. Nick und Gina, ein Paar aus Hamburg, das wir am ersten Abend kennenlernten, waren selbsternannte Buffet-Profis mit 23 Kreuzfahrten Erfahrung. „Nach Mitternacht zählen die Kalorien nicht mehr", verkündete Gina regelmäßig, während sie sich einen weiteren Nachschlag vom Schokoladenbrunnen holte.

Während der drei Wochen entwickelten wir eine beeindruckende Sammlung an Ausreden: Die Seeluft macht hungrig, Bewegung an der frischen Luft (der Weg vom Pool zum Buffet zählte definitiv als Sport), und der Klassiker „Ab morgen gibt's nur noch Salat". Der Salat landete dann tatsächlich auch täglich auf unseren Tellern — allerdings nur als dekorative Unterlage für die eigentlichen Hauptakteure.

Besonders kreativ wurden wir bei der Definition von „leichter Kost". Ein Cesar Salad mit extra Croutons, Parmesan und der dreifachen Portion Hähnchen war in unseren Augen definitiv als „Diät-Mahlzeit" durchgegangen. Und der täglich wechselnde exotische Obstsalat beim Dessert wurde großzügig als vollwertiger Ersatz für die empfohlene Tagesportion Obst und Gemüse interpretiert — auch wenn er unter einer großzügigen Portion Schlagsahne und Schokoladensauce versteckt war.

Unser Bewegungsprogramm beschränkte sich währenddessen auf das absolute Minimum: den Weg vom Zimmer zum Restaurant, vom Restaurant zum Pool, vom Pool zur Bar und wieder zurück. Die bordeigene Fitness-Station hatten wir zwar am ersten Tag pflichtbewusst besichtigt, aber schnell festgestellt, dass die Aussicht vom Restaurantdeck deutlich attraktiver war. Die täglichen Sportkurse an Deck beobachteten wir interessiert — allerdings ausschließlich von unseren Liegestühlen aus, während wir unsere Cocktails schlürften.

Die Realität holte uns erst zu Hause ein. Nicht nur der Badezimmerspiegel war ehrlich zu uns – auch unsere Kleidung hatte anscheinend über Nacht beschlossen, zwei Größen enger zu werden. Selbst die großzügig geschnittenen Kreuzfahrt-T-Shirts, die wir als Andenken gekauft hatten, schienen plötzlich geschrumpft zu sein.

Der Höhepunkt unserer Erkenntnis kam beim Versuch, unsere Urlaubsfotos durchzusehen. Während die ersten Bilder noch zwei Menschen in angemessener Konfektionsgröße zeigten, konnte man in der chronologischen Abfolge der Fotos regelrecht dabei zusehen, wie unsere Gesichter runder und unsere Kleidung enger wurden. Besonders aufschlussreich war ein Video, das uns beim traditionellen Mitternachtsbuffet zeigte – es hatte erschreckende Ähnlichkeit mit einem Naturfilm über das Fressverhalten von Eisbären vor dem Winterschlaf.

Die Waage zu Hause bestätigte unsere schlimmsten Befürchtungen: Thomas hatte stolze acht Kilo zugelegt, ich brachte es auf immerhin sechs. Dabei hatten wir uns die ganze Zeit eingeredet, dass die Bordwaage nicht richtig funktionieren könne – immerhin zeigte sie bei jedem Wiegen höhere Werte an. Im Nachhinein mussten wir zugeben, dass das einzige, was an Bord nicht richtig funktioniert hatte, unsere Selbsteinschätzung war.

Die finale Konfrontation mit der Realität erfolgte beim routinemäßigen Gesundheits-Check nach dem Urlaub. Unser Arzt, Dr. Meyer, ein Mann mit einem bemerkenswerten Talent für vielsagende Blicke, studierte unsere Blutwerte mit einer Mischung aus fachlichem Interesse und ungläubigem Staunen. Seine hochgezogene Augenbraue sprach Bände, noch bevor er auch nur ein Wort sagte.

Was uns jedoch am meisten zu denken gab, war nicht mal die Gewichtszunahme oder die alarmierenden Blutwerte. Es war die Erkenntnis, dass wir uns trotz – oder vielleicht gerade wegen – all der Völlerei gar nicht wirklich erholt fühlten.

Wir waren erschöpft, träge und hatten das diffuse Gefühl, dass dieser Urlaub zwar unseren Körperumfang, nicht aber unseren Horizont erweitert hatte.

An diesem Punkt wurde mir klar: Etwas musste sich ändern. Drastisch ändern. Als ich Thomas vorsichtig von der Idee eines Aktivurlaubs auf Usedom erzählte, schaute er mich an, als hätte ich den Verstand verloren. „Usedom? Du meinst das jetzt nicht ernst, oder Schatz?", war seine erste Reaktion. Zu diesem Zeitpunkt ahnte ich noch nicht, dass dies der Beginn einer völlig neuen Art des Reisens sein würde – eine Geschichte von E-Bikes, Wanderschuhen und der überraschenden Erkenntnis, dass man auch ohne All-Inclusive-Buffet glücklich werden kann.

Was genau Dr. Meyer uns bei diesem denkwürdigen Arztbesuch alles mitteilte und wie wir darauf reagierten – nun, das erfahrt ihr im nächsten Kapitel. Nur so viel sei gesagt: Seine Worte trafen uns härter als jeder Wellengang auf hoher See, und sie waren der Startschuss für ein Abenteuer, das wir uns in unseren kühnsten Träumen nicht hätten ausmalen können.

Der Doktor meint ...

Dr. Meyer ist eigentlich ein sehr netter Mensch. Normalerweise. Aber an diesem Tag, als wir mit unseren Karibik-Pfunden in seiner Praxis saßen, zeigte er eine ganz neue Seite. Eine besorgniserregend ernste. Während er unsere Blutwerte studierte, wurde sein Gesichtsausdruck immer nachdenklicher. Die Art, wie er seine Brille zurechtrückte und sich mehrmals bedeutungsvoll räusperte, verhieß nichts Gutes.

Thomas saß wie üblich betont entspannt auf seinem Stuhl, als ginge ihn das alles nichts an. Typisch Mann eben. Ich hingegen rutschte unruhig auf meinem hin und her. Die Situation erinnerte mich fatal an frühere Besuche beim Schuldirektor – nur dass es diesmal nicht um unentschuldigte Fehlstunden ging, sondern um unsere Gesundheit.

„Also ... ", begann Dr. Meyer in diesem speziellen Tonfall, den Ärzte reserviert haben für Patienten, die sich selbst in die Bredouille gebracht haben. „Ihre Werte gefallen mir überhaupt nicht."

Er drehte seinen Bildschirm so, dass wir die bunten Diagramme sehen konnten. Überall rote Balken, die weit über die gestrichelten Linien hinausragten. „Das sieht ja aus wie die Aktienkurse in meinem Depot", versuchte Thomas zu scherzen, aber Dr. Meyer ging darauf gar nicht erst ein.

Stattdessen legte er los. Cholesterin erhöht, Blutdruck grenzwertig, Leberwerte bedenklich, Blutzucker im prädiabetischen Bereich. Die Liste schien endlos. Beim Wort „prädiabetisch" verschluckte sich Thomas fast. „Aber Doc, das kann doch nicht sein", protestierte er schwach, „wir waren doch nur drei Wochen auf Kreuzfahrt!"

Dr. Meyer zog nur eine Augenbraue hoch. Diese Geste beherrschte er meisterhaft – sie konnte gleichzeitig Skepsis, Missbilligung und ein gewisses Maß an Sarkasmus ausdrücken. „Nun ja, eine dreiwöchige Kreuzfahrt mag Ihnen wie ein kurzer Urlaub erscheinen. Für Ihren Stoffwechsel war es ein metabolisches Trauma."

Dann kam der Teil, vor dem ich mich am meisten gefürchtet hatte: die Waage. Als die Zahlen auf dem Display erschienen, musste ich zweimal hinschauen. Das konnte doch nicht stimmen! Aber die Waage in Dr. Meyers Praxis war leider deutlich ehrlicher als die geschönten Erinnerungen an unsere kulinarischen Exzesse.

„Sie wissen, was das bedeutet?", fragte Dr. Meyer rhetorisch. Oh ja, wir wussten es. Jetzt kam der Teil mit der Moralpredigt über gesunde Ernährung und mehr Bewegung. Ich kannte das schon – normalerweise würde ich jetzt pflichtbewusst nicken, mir die Ernährungsbroschüre einstecken und sie zu Hause zu den anderen legen. Aber diesmal war es anders. Dr. Meyer machte keine Anstalten, nach seinen üblichen Broschüren zu greifen.

Stattdessen lehnte er sich in seinem Stuhl zurück und sagte etwas, das mich völlig überraschte: „Wissen Sie, was das Heimtückische an diesen Kreuzfahrten ist? Man bewegt sich kaum, isst wie ein Kaiser und trinkt wie ein Könner. Dabei fühlt man sich wie im Paradies – bis der Körper die Rechnung präsentiert." Er machte eine kunstvolle Pause. „Und Sie beide haben gerade die erste Rate dieser Rechnung vor sich liegen."

Thomas rutschte unruhig auf seinem Stuhl herum. „Aber was sollen wir denn jetzt machen?", fragte er mit einem Anflug von echter Besorgnis in der Stimme. Dr. Meyer lächelte zum ersten Mal während der gesamten Konsultation. „Leben Sie! Aber richtig. Bewegen Sie sich. Entdecken Sie die Welt mit Ihren eigenen Beinen. Radeln Sie. Wandern Sie. Schwimmen Sie. Tanzen Sie. Hauptsache, Sie kommen in Bewegung."

Auf dem Heimweg herrschte zunächst betretenes Schweigen zwischen Thomas und mir. Die Worte von Dr. Meyer hatten uns beide mehr getroffen, als wir zugeben wollten. „Sandra", sagte Thomas schließlich, als wir fast zu Hause waren, „ich glaube, wir müssen wirklich etwas ändern."

Das war mein Stichwort. Schon seit Tagen wälzte ich Reiseprospekte und Internetseiten. Nicht die üblichen mit Luxusresorts und All-Inclusive-Angeboten, sondern andere. Solche mit Aktivurlaub, Wanderrouten und Radwegen. Und immer wieder war ich dabei auf diese Insel gestoßen: Usedom.

„Thomas", begann ich vorsichtig, „ich hätte da eine Idee ..." Ich holte tief Luft und wollte ihm schon von meinen Recherchen erzählen. Von den endlosen Stränden Usedoms, von den Radwegen durch unberührte Natur, von idyllischen Fischerdörfern und dem Charme der Kaiserbäder. Von der Möglichkeit, aktiv zu sein und trotzdem zu entspannen. Von einem Urlaub, der uns nicht nur satt, sondern auch zufrieden machen würde.

Doch irgendwie schien mir mein arg gebeutelter Ehemann nicht in der richtigen Verfassung für meine revolutionäre Idee. Aber die Zeit würde kommen, wenn wir uns wieder ein wenig gefasst hätten. Und die Geschichte, wie aus meiner vorsichtigen Idee schließlich ein konkreter Plan wurde – nun, das ist ein eigenes Kapitel wert. Aber eines kann ich schon verraten: Dr. Meyers mahnende Worte hallten noch lange in unseren Ohren nach, und sie waren der Startschuss für ein Abenteuer, das unser Leben gründlich auf den Kopf stellen sollte.

Urlaub in Deutschland? Hast du Fieber?

Manchmal sind es die kleinen Momente, die große Veränderungen einleiten. Bei uns war es ein verregneter Sonntagabend, zwei Tage nach dem denkwürdigen Besuch bei Dr. Meyer. Thomas saß in seinem Lieblingssessel, ich hatte mich mit meinem Tablet auf dem Sofa eingerichtet, und zwischen uns stand eine Flasche Rotwein – vermutlich die letzte für längere Zeit, wenn es nach unserem Arzt ging.

„Thomas, was hältst du davon, wenn wir dieses Jahr mal in Deutschland Urlaub machen?", fragte ich betont beiläufig, während ich scheinbar vertieft durch meine Rechercheergebnisse scrollte. Die Reaktion kam prompt und genau so, wie ich sie erwartet hatte. Thomas verschluckte sich an seinem Wein und starrte mich an, als hätte ich vorgeschlagen, den nächsten Urlaub auf dem Mars zu verbringen. „Deutschland? Hast du Fieber?", keuchte er zwischen zwei Hustenanfällen.

Ich kannte meinen Mann gut genug, um zu wissen, dass jetzt der kritische Moment war. In seinen Augen war Deutschland als Urlaubsziel ungefähr so attraktiv wie eine Wurzelbehandlung beim Zahnarzt. Für Thomas bedeutete Urlaub bisher: Meer, Sonne, Pool, All-Inclusive-Buffet und kategorisch keine deutschen Touristen. Die Vorstellung, selbst einer zu werden, schien ihn zu verstören.

Geduldig begann ich, ihm von meinen Recherchen zu erzählen. Von der deutschen Ostseeküste im Allgemeinen und von Usedom im Besonderen. Von endlosen Sandstränden, die denen der Karibik in nichts nachstehen. Von der längsten Strandpromenade Europas, den eleganten Kaiserbädern und den charmanten Fischerdörfern. Von kristallklarem Wasser und der höchsten Sonnenscheindauer Deutschlands.

Thomas hörte skeptisch zu, während er sein Weinglas schwenkte. Ich konnte förmlich sehen, wie sich in seinem Kopf Bilder von überfüllten deutschen Badestränden mit Ballermann-Atmosphäre formten. Zeit, die schweren Geschütze aufzufahren.

Mit der Präzision einer erfahrenen Strategin präsentierte ich ihm Fotos von einsamen Naturstränden, idyllischen Waldwegen und malerischen Fischerbooten im Sonnenuntergang. Ich erzählte von den 14 Naturschutzgebieten der Insel, von versteckten Lagunen und vom Usedomer Achterland, wo man die ursprüngliche Schönheit der Insel noch unverfälscht erleben kann.

Aber das war nur die Ouvertüre. Mein Ass im Ärmel war die Aktivkomponente. Statt stundenlang am Pool zu liegen und uns wie eine Gänseleber zu mästen, könnten wir die Insel mit dem Fahrrad erkunden. Über 600 Kilometer Radwege, die durch eine der schönsten Landschaften Deutschlands führen. Wanderwege durch unberührte Natur, entlang kristallklarer Seen und durch zauberhafte Wälder.

„Aber was ist mit dem Essen?", warf Thomas ein, sichtlich besorgt um sein leibliches Wohl. Ich hatte diese Frage erwartet. Schließlich war das Thema Essen bisher immer ein Hauptargument für unsere Kreuzfahrten gewesen. Also erzählte ich ihm von den kleinen Fischräuchereien, wo der Fisch noch am selben Tag aus dem Meer kommt. Von gemütlichen Restaurants, die traditionelle Gerichte mit modernem Twist servieren. Von den berühmten Usedomer Fischbrötchen und dem lokalen Bier.

Während ich sprach, bemerkte ich, wie sich Thomas' Körperhaltung veränderte. Die anfängliche Abwehrhaltung wich langsam einer vorsichtigen Neugier. Als ich dann noch erwähnte, dass wir uns ein gemütliches Ferienhaus mieten könnten, statt in einem überfüllten Hotel zu wohnen, sah ich den ersten Funken echten Interesses in seinen Augen.

„Aber was machen wir den ganzen Tag?", fragte er, nun schon deutlich weniger skeptisch. Oh, wie hatte ich auf diese Frage gewartet! Ich entrollte meinen mentalen Aktivitätenplan: Radtouren zu versteckten Buchten, Wanderungen durch Naturschutzgebiete, Kajakfahrten auf dem Achterwasser, Vogelbeobachtungen im Naturpark, Besuche in historischen Seebädern, Wellness in den Thermen – die Liste schien endlos.

Und dann kam mein Hauptargument: „Stell dir vor, wie stolz wir sein können, wenn wir nach zwei Wochen nach Hause kommen und statt zusätzlicher Kilos neue Erfahrungen, Erlebnisse und vielleicht sogar ein paar Muskeln mitbringen." Das saß. Thomas' Blick wanderte unwillkürlich zu seinem Bauchansatz, der seit der Kreuzfahrt definitiv präsenter geworden war.

Die nächsten zwei Stunden verbrachten wir damit, gemeinsam durch Bilder und Beschreibungen der Insel zu scrollen. Je mehr wir entdeckten, desto mehr wuchs unsere Begeisterung. Das Achterland mit seinen verträumten Dörfern und dem idyllischen Achterwasser schien wie geschaffen für einen aktiven und dennoch entspannten Urlaub.

Wir begannen, uns auszumalen, wie wir morgens mit frischen Brötchen vom Dorfbäcker frühstücken, dann unsere E-Bikes satteln (ja, wir waren realistisch genug einzusehen, dass wir für den Anfang etwas Unterstützung brauchen würden) und die Insel erkunden. Wie wir an einsamen Stränden picknicken, in kleinen Cafés einkehren und abends erschöpft, aber zufrieden in unserem gemütlichen Ferienhaus den Tag ausklingen lassen.

Die Flasche Wein war längst leer, als Thomas sich aufrichtete und mich mit einem verschmitzten Lächeln ansah. „Na gut", sagte er, „lass uns das mal versuchen. Aber wenn es regnet ..." Ich ließ ihn gar nicht ausreden. „Dann machen wir es wie die Dänen", erwiderte ich triumphierend, „die sagen: Es gibt kein schlechtes Wetter, nur schlechte Kleidung!"

Was wir zu diesem Zeitpunkt noch nicht wussten: Diese Entscheidung würde nicht nur unseren Urlaub, sondern unser ganzes Leben verändern. Aber zunächst mussten wir Thomas' anfängliche Skepsis gegenüber der deutschen Ostseeküste überwinden. Wie er von „Urlaub in Deutschland??? Hast du Fieber??? zu „Usedom ist eigentlich ganz cool" kam – das erfahrt ihr im nächsten Kapitel. Nur so viel sei verraten: Die Reaktionen waren mindestens so unterhaltsam wie unsere abendliche Planungssession.

Mehr Sonnenstunden als Mallorca?

Wenn es eine Sache gibt, die ich an meinem Thomas besonders liebe, dann ist es seine Fähigkeit, Statistiken und Fakten grundsätzlich in Frage zu stellen – besonders wenn sie nicht in sein Weltbild passen. Als ich ihm am nächsten Morgen beim Frühstück triumphierend die offiziellen Wetterdaten präsentierte, die bestätigten, dass Usedom tatsächlich die meisten Sonnenstunden Deutschlands hat, kam prompt seine typische Reaktion: „Usedom hat mehr Sonnenstunden als Mallorca? Das glaubst du doch selbst nicht!"

Gut vorbereitet, wie ich war, hatte ich bereits mein Tablet gezückt und präsentierte ihm die Fakten: durchschnittlich 1.906 Sonnenstunden pro Jahr, die längste Sonnenscheindauer an der deutschen Ostseeküste, ein besonders mildes Reizklima dank der Lage zwischen Ostsee und Achterwasser. Thomas studierte die Daten mit der kritischen Miene eines Wirtschaftsprüfers, der nach kreativer Buchführung sucht.

Während er seinen Morgenkaffee trank, bombardierte ich ihn weiter mit sonnigen Fakten über Usedom. Die Insel wird nicht umsonst „Sonneninsel" genannt. Das Zusammenspiel von Ostsee und Achterwasser sorgt für ein einzigartiges Mikroklima. Die Meeresluft ist besonders allergenarm und reich an gesunden Mineralstoffen. Dass die Kaiserbäder nicht ohne Grund von der europäischen Aristokratie als Sommerfrische gewählt wurden, hatte sicher auch mit dem Wetter zu tun.

Thomas' skeptischer Gesichtsausdruck begann langsam zu bröckeln. Besonders als ich ihm erklärte, dass die geografische Lage der Insel für diese besonderen Klimaverhältnisse verantwortlich ist. Das Festland schirmt die Insel von Regenwolken ab, während die Ostsee wie ein natürlicher Temperaturregulator wirkt. Im Sommer kühlt sie die Luft angenehm ab, im Winter sorgt sie für milde Temperaturen.

Aber Thomas wäre nicht Thomas, wenn er nicht noch einen kritischen Einwand hätte.

„Was ist mit den berüchtigten Regentagen an der Ostsee?" Ich war vorbereitet. Mit der Gelassenheit einer Wetterfee erklärte ich ihm, dass die Regenschauer an der Ostsee meist nur von kurzer Dauer sind. Oft scheint schon nach wenigen Minuten wieder die Sonne. Außerdem: Wann hatten wir auf unseren Kreuzfahrten eigentlich das letzte Mal wirklich das Wetter wahrgenommen? Zwischen klimatisiertem Speisesaal und überdachtem Pool war das doch völlig egal gewesen.

Die nächste Stunde verbrachte ich damit, Thomas die Vorzüge des Usedomer Wetters für unsere geplanten Aktivitäten zu erklären. Die Morgenstunden, wenn die Sonne über der Ostsee aufgeht, sind ideal für Strandspaziergänge. Die milde Mittagssonne lädt zu Radtouren durch die schattigen Wälder des Achterlands ein. Und die Abende, wenn die Sonne im Achterwasser versinkt, schaffen eine Atmosphäre, die selbst die schönsten Karibik-Sonnenuntergänge in den Schatten stellt.

Während Thomas noch mit den Sonnenstunden haderte, zeigte ich ihm Bilder von den drei Kaiserbädern Ahlbeck, Heringsdorf und Bansin. Die prächtigen weißen Villen im Bäderstil, die sich an der Strandpromenade aneinanderreihen, die historischen Seebrücken, die sich elegant ins Meer erstrecken – all das badete in strahlendem Sonnenschein. Die Aufnahmen hätten auch von der französischen Riviera stammen können, wären da nicht die typischen Strandkörbe gewesen.

Besonders die Fotos vom Achterwasser schienen Thomas zu beeindrucken. Diese eigentümliche Mischung aus Bodden und Haff, die sich wie ein natürlicher Swimmingpool zwischen Festland und Insel erstreckt, zeigte sich auf den Bildern von ihrer schönsten Seite. Das sanfte Glitzern der Wasseroberfläche, die kleinen Segelboote, die verträumten Fischerdörfer am Ufer – alles in warmes Sonnenlicht getaucht.

Je mehr Bilder wir uns ansahen, desto mehr wich Thomas' Skepsis einer vorsichtigen Begeisterung. Die Vorstellung, morgens eine Radtour zu unternehmen, mittags am Strand zu entspannen und abends in einem der gemütlichen Restaurants den Sonnenuntergang zu genießen, schien ihm zunehmend zu gefallen. Besonders die Tatsache, dass man dank des milden Klimas auch außerhalb der Hauptsaison wunderbar Urlaub machen kann, fand seinen Beifall.

Als wir später am Tag mit der Planung unserer Aktivitäten begannen, war von Thomas' anfänglicher Wetterskepsis nicht mehr viel übrig. Er vertiefte sich in die Karte der Insel und begann, potenzielle Radrouten zu markieren. Dabei murmelte er immer wieder erstaunt: „Wenn das wirklich stimmt mit den Sonnenstunden ..."

Das Thema Wetter war damit aber noch lange nicht abgehakt. In den nächsten Tagen entwickelte Thomas eine regelrechte Obsession für die Wetterstatistiken Usedoms. Er verglich historische Wetterdaten, studierte Klimatabellen und installierte drei verschiedene Wetter-Apps auf seinem Smartphone. Seine Kollegen im Büro wurden mit detaillierten Analysen der meteorologischen Besonderheiten der Sonneninsel traktiert.

„Hättest du gedacht, dass die Wassertemperatur der Ostsee im Sommer durchschnittlich bei angenehmen 20 Grad liegt?", fragte er beim Abendessen, als hätte er gerade das achte Weltwunder entdeckt. Ich musste schmunzeln. Mein skeptischer Thomas war auf dem besten Weg, sich in einen Usedom-Experten zu verwandeln.

Aber die Geschichte, wie er von einem Wetter-Skeptiker zu einem begeisterten Usedom-Meteorologen und -Kenner (zumindest in der Theorie) wurde – nun, das ist eine andere Geschichte. Eine Geschichte voller ungläubiger Gesichter, erstaunter Ausrufe und der immer wiederkehrenden Frage: „Wo zum Teufel ist das Achterland?" Aber diese Geschichte, die erzähle ich euch im nächsten Kapitel.

Wo zum Teufel ist das Achterland?

Die geografische Entdeckungsreise Usedoms begann an unserem Küchentisch, übersät mit Landkarten, Reiseführern und ausgedruckten Artikeln. Thomas, bewaffnet mit einem Textmarker und der Präzision eines Feldherren, der eine Eroberung plant, beugte sich über die größte Karte. „Wo zum Teufel ist das Achterland?", murmelte er immer wieder, während er mit dem Finger die Küstenlinie nachfuhr.

Für jemanden wie Thomas, der bisher Urlaub nur in Form von Pauschalreisen zu klar definierten Hotelkoordinaten kannte, war die Vorstellung eines „Hinterlands" so exotisch wie ein Ausflug zum Mars. Sein bisheriges Usedom-Bild beschränkte sich auf die bekannte Perlenkette der Kaiserbäder an der Ostseeküste. Dass es dahinter noch eine völlig andere, ursprüngliche Welt zu entdecken gab, war ihm völlig neu.

Mit der Geduld einer Geografielehrerin erklärte ich ihm die besondere Topografie der Insel. Usedom ist wie ein natürliches Amphitheater aufgebaut: An der Ostseeküste die prächtigen Kaiserbäder mit ihrer mondänen Bäderarchitektur, dahinter sanft ansteigende Hügel, und im Zentrum das geheimnisvolle Achterland mit seinen inseltypischen Dörfern, stillen Wäldern und dem malerischen Achterwasser.

Thomas war fasziniert von der Tatsache, dass die zweitgrößte deutsche Insel gleichzeitig die waldreichste ist. Über 60 Prozent der Inselfläche sind von Wald bedeckt, durchzogen von unzähligen Wander- und Radwegen. Dazu kommen 14 Naturschutzgebiete, die meisten davon im Achterland. Für einen Mann, der bisher Natur hauptsächlich in Form von perfekt getrimmten Hotelgärten kannte, öffnete sich eine völlig neue Welt.

Besonders das Achterwasser hatte es ihm angetan. Diese eigentümliche Wasserformation zwischen Insel und Festland, die je nach Tageszeit und Wetterlage ihr Gesicht verändert, schien ihn zu faszinieren. Die Vorstellung, morgens mit dem Rad um diese naturbelassene Lagune zu fahren, während die Sonne aufgeht, zauberte ein verträumtes Lächeln auf sein Gesicht.

Stück für Stück entdeckten wir die versteckten Schätze des Achterlands. Da war zum Beispiel das Örtchen Pudagla mit seinem historischen Schloss, einst Sitz der pommerschen Herzöge. Oder das malerische Dorf Stolpe mit seinem mittelalterlichen Burgturm. Loddin und das Loddiner Höft, das sich wie eine Perlenkette am Achterwasser entlangzieht. Und immer wieder diese unberührte Natur, diese Stille, diese Ursprünglichkeit.

Je tiefer wir in die Geographie der Insel eintauchten, desto mehr wurde uns klar, dass Usedom wie ein gut gehütetes Geheimnis ist. Während die meisten Touristen sich an den prächtigen Stränden der Kaiserbäder drängen, liegt das Achterland wie eine versteckte Schatzkammer im Herzen der Insel. Ein Paradies für Naturliebhaber, Radfahrer und alle, die dem Massentourismus entfliehen wollen.

Die Recherche entwickelte sich zu einer regelrechten Expedition. Thomas, der bisher Landkarten nur als notwendiges Übel im Navigationsgerät kannte, entpuppte sich als enthusiastischer Kartograf. Mit verschiedenfarbigen Stiften zeichnete er potenzielle Radrouten ein, markierte Aussichtspunkte und plante Tagestouren. Seine anfängliche Frage „Wo zum Teufel ist das Achterland?" hatte sich längst in „Schau mal, was ich noch im Achterland entdeckt habe!" verwandelt.

Besonders faszinierend fanden wir die Tatsache, dass das Achterland eine Art natürlicher Klimaregulator ist. Die sanften Hügel und ausgedehnten Wälder schaffen ein einzigartiges Mikroklima. Während an der Küste manchmal eine steife Brise weht, findet man hier geschützte Plätze für jede Wetterlage. Die großen Waldflächen sorgen im Sommer für angenehme Kühle, das Achterwasser mildert im Winter die Temperaturen.

Thomas entwickelte eine besondere Vorliebe für die kleinen, idyllischen Dörfer im Achterland. Orte mit Namen wie Mellenthin, Zempin, Koserow oder Ückeritz, die wie aus einer anderen Zeit zu stammen scheinen.

Orte, wo Fischer ihre Netze noch per Hand flicken, wo es den Bäcker nur dreimal die Woche gibt und wo die Dorfkirche der höchste Punkt in der Landschaft ist.

Die Entdeckung der verschiedenen Naturschutzgebiete war wie eine Schatzsuche. Der Gothensee mit seinen seltenen Vogelarten, das Thurbruch mit seinen geheimnisvollen Mooren, der Gnitz mit seinen charakteristischen Steilufern – jedes Gebiet hatte seinen eigenen Charakter, seine eigene Geschichte. Für uns, die wir bisher Natur hauptsächlich von der Poolliege aus betrachtet hatten, öffnete sich eine völlig neue Perspektive.

Während unserer „Expedition Achterland" stellten wir fest, dass die zentrale Lage ideal für unsere Urlaubspläne war. Von hier aus konnten wir sowohl die lebhaften Kaiserbäder als auch die stillen Winkel der Insel erkunden. Morgens eine Radtour durch die Wälder, mittags ein Bad in der Ostsee, abends ein Sundowner am Achterwasser – alles war möglich, alles war erreichbar.

Die Krönung unserer geografischen Entdeckungsreise war die Auswahl unserer Unterkunft. Ein kleines Ferienhaus im Herzen des Achterlands, umgeben von Wiesen und Wäldern, mit Blick auf das Achterwasser. Der perfekte Ausgangspunkt für unsere geplanten Aktivitäten, der perfekte Rückzugsort nach einem Tag voller Entdeckungen.

Aus Thomas' anfänglicher Verwirrung über das mysteriöse Achterland war eine regelrechte Begeisterung geworden. Er kannte inzwischen jeden Wanderweg, jeden Aussichtspunkt, jede Besonderheit. Wenn er seinen Kollegen von unseren Urlaubsplänen erzählte, klang er wie ein Usedom-Experte – was uns zu einer ganz neuen Herausforderung führte: Wie überzeugt man eingefleischte Mallorca-Fans von den Vorzügen eines Aktivurlaubs im Usedomer Achterland?

Aber das ist eine andere Geschichte. Eine Geschichte von ungläubigen Gesichtern, wenn Thomas von Naturschutzgebieten statt All-Inclusive-Buffets schwärmte, von verständnislosen Blicken, wenn er die Vorzüge des Achterlands pries, und von der langsam wachsenden Erkenntnis, dass der beste Urlaub vielleicht nicht der ist, den man schon hundertmal gemacht hat. Doch davon mehr im nächsten Kapitel, wenn es heißt: „E-Bikes sind was für Rentner!" – und wie Thomas seine Meinung grundlegend änderte.

E-Bikes sind was für Rentner!

Manchmal frage ich mich, ob es in Thomas' Wörterbuch überhaupt den Begriff „vorsichtige Annäherung" gibt. Als ich zum ersten Mal das Thema E-Bikes ansprach, kam seine Reaktion prompt und kompromisslos: „E-Bikes sind was für Rentner! Ich bin doch noch nicht senil!" Diese Aussage kam übrigens, während er keuchend die zwei Stockwerke zu unserer Wohnung hochstieg und sich dabei theatralisch am Geländer festhielt.

Die Ironie dieser Situation schien ihm völlig zu entgehen. Stattdessen begann er einen leidenschaftlichen Monolog darüber, wie E-Bikes den wahren Radsport verwässern würden. Wohlgemerkt, sein letzter Kontakt mit einem Fahrrad lag etwa zwanzig Jahre zurück, als er sich bei einem romantischen Ausflug so unglücklich abgelegt hatte, dass sowohl das Rad als auch seine Würde erheblichen Schaden nahmen.

Meine Strategie war diesmal jedoch anders als sonst. Statt Thomas mit Argumenten zu bombardieren, organisierte ich heimlich einen Testtermin beim örtlichen Fahrradhändler. An einem Samstagnachmittag schleppte ich ihn unter dem Vorwand, neue Wanderschuhe kaufen zu wollen, in die Stadt. Der Fahrradladen lag „zufällig" auf dem Weg.

Die Wandlung begann in dem Moment, als Thomas das erste Mal auf einem modernen E-Bike Platz nahm. Der Händler, ein cleverer Verkäufer, hatte ihm nicht irgendein Modell, sondern ein sportliches Trekking-E-Bike präsentiert. Matt-schwarz, aerodynamisch, mit verstecktem Akku – dieses Rad sah etwa so rentnergerecht aus wie ein Porsche mit Gehhilfe.

Die Probefahrt wurde zur Offenbarung. Thomas, der sich anfangs noch skeptisch auf den Sattel schwang, kehrte nach zehn Minuten mit einem Grinsen zurück, das ich sonst nur von ihm kannte, wenn sein Lieblingsverein gewonnen hatte. Die elektrische Unterstützung hatte ihn überzeugt. Nicht weil sie die ganze Arbeit übernahm, sondern weil sie genau dann einsetzte, wenn man sie brauchte.

Was folgte, war eine zweistündige Beratung über verschiedene Modelle, Akkureichweiten und Unterstützungsstufen. Thomas, der noch vor einer Stunde E-Bikes als „motorisierte Gehhilfen" bezeichnet hatte, diskutierte plötzlich enthusiastisch über Drehmomentsensoren und Reichweitenoptimierung. Der Verkäufer, selbst begeisterter E-Bike-Fahrer, erzählte von seinen Touren auf Usedom und den perfekten Bedingungen dort.

Die Verwandlung von Thomas vom E-Bike-Skeptiker zum E-Bike-Enthusiasten war beeindruckend. Plötzlich recherchierte er im Internet nach den besten Modellen, verglich technische Daten und studierte Testberichte. Seine Mittagspause verbrachte er damit, die Radwege Usedoms auf Google Maps zu erkunden und potenzielle Routen zu planen.

Besonders faszinierte ihn die Möglichkeit, mit dem E-Bike Strecken zu bewältigen, die sonst außer Reichweite gewesen wären. Die 60 Kilometer lange Inselrunde? Kein Problem. Der Anstieg zum Streckelsberg? Eine willkommene Herausforderung. Die Tour durch das Achterland? Ein Nachmittagsausflug.

Die Planung unserer Radtouren wurde zu seinem neuen Hobby. Mit der Akribie eines Generals plante er Tagesetappen, berechnete Akkureichweiten und markierte Ladestationen. Dabei entdeckte er, dass Usedom ein wahres Paradies für E-Bike-Fahrer ist: perfekt ausgebaute Radwege, eine fahrradfreundliche Infrastruktur und eine Landschaft, die wie geschaffen ist für entspannte Touren.

Seine anfängliche Sorge, dass E-Bike-Fahren „keine richtige Bewegung" sei, verflog schnell. Er begriff, dass man mit einem E-Bike nicht weniger, sondern mehr Bewegung bekommt – einfach weil man sich häufiger und länger aufs Rad schwingt. Die elektrische Unterstützung macht nicht faul, sie motiviert zu mehr Aktivität.

Besonders amüsant war es, Thomas dabei zu beobachten, wie er seine neue E-Bike-Begeisterung mit seiner früheren Skepsis in Einklang zu bringen versuchte.

„Das ist ja eigentlich gar kein E-Bike", erklärte er seinen Kollegen, „das ist ein hochtechnologisches Fortbewegungsmittel mit intelligenter Antriebsunterstützung." Die Bezeichnung „Rentner-Rad" war aus seinem Vokabular völlig verschwunden.

Die Transformation gipfelte in der Anschaffung von zwei E-Bikes — natürlich rein zur Vorbereitung auf den Usedom-Urlaub, wie Thomas betonte. Dass er seitdem jede freie Minute nutzt, um durch die Umgebung zu radeln, hat natürlich rein gar nichts mit der Freude am E-Bike-Fahren zu tun. Es ist selbstverständlich nur hartes Training für die geplanten Usedom-Touren.

Inzwischen kennt Thomas jeden Radweg in unserer Umgebung, hat eine App für die Tourenplanung auf seinem Smartphone installiert und trägt Funktionskleidung, die verdächtig professionell aussieht. Aus dem E-Bike-Skeptiker ist ein echter Enthusiast geworden, der jedem, der nicht schnell genug wegläuft, die Vorzüge der elektrischen Unterstützung erklärt.

Seine Kollegen im Büro haben sich inzwischen daran gewöhnt, dass Thomas montags nicht mehr von Fußballergebnissen erzählt, sondern von seinen Wochenend-Touren schwärmt. Ein paar hat er sogar schon mit seiner Begeisterung angesteckt — sie planen jetzt auch einen Aktivurlaub auf Usedom, natürlich mit E-Bikes.

Die Geschichte, wie aus dem überzeugten E-Bike-Gegner ein leidenschaftlicher E-Biker wurde, ist aber nur der Anfang. Denn jetzt stand die nächste Herausforderung an: die richtige Ausrüstung. Und wenn Sie glauben, die E-Bike-Diskussion war intensiv, dann warten Sie erst, bis Sie hören, wie Thomas sich in die Welt der Funktionskleidung stürzte. Aber das ist eine andere Geschichte — die Geschichte von Softshell-Jacken, atmungsaktiven Materialien und der Frage, ob man wirklich eine Radlerhose mit Polsterung braucht. Doch das erzähle ich Ihnen im nächsten Kapitel.

Ich pack den Bikini trotzdem ein!

Es gibt diese magischen Momente im Leben einer Frau, wenn sie vor dem geöffneten Kleiderschrank steht und feststellt, dass sie absolut nichts zum Anziehen hat. In meinem Fall war es der Moment, als ich begann, für unseren Usedom-Urlaub zu packen. Während die letzten Urlaubsvorbereitungen für die Karibik-Kreuzfahrt hauptsächlich aus der Frage bestanden „Welcher Bikini passt zu welchem Strand-Kaftan?", stand ich jetzt vor einer echten Herausforderung.

„Das kannst du doch nicht einpacken!", rief Thomas entsetzt, als er sah, wie ich meine liebgewonnene Strand-Garderobe auf dem Bett ausbreitete. „Wir machen einen Aktivurlaub!" Er selbst hatte sich in den letzten Wochen in einen wandelnden Outdoor-Katalog verwandelt, komplett mit atmungsaktiver Funktionskleidung, UV-Schutz-Shirts und Zip-Off-Hosen, die sich bei Bedarf in Shorts verwandeln ließen.

Mein Argument, dass man auch auf Usedom Strand-Outfits braucht, konterte er mit einer ausführlichen Wetterstatistik und der Bemerkung, dass die Ostsee nicht die Karibik sei. Als ob ich das nicht wüsste! Aber irgendwo zwischen seinen neu erworbenen Funktions-Socken und den verschiedenen Schichten aus atmungsaktivem Material musste doch auch Platz für ein bisschen Stil sein.

Die nächsten Tage entwickelten sich zu einem regelrechten Garderoben-Krieg. Während Thomas in seinem neu entdeckten Outdoor-Enthusiasmus von Schicht-Systemen und Funktionsfasern schwärmte, versuchte ich verzweifelt, einen Kompromiss zwischen Praktikabilität und Ästhetik zu finden. Die Vorstellung, zwei Wochen lang ausschließlich in Zip-Off-Hosen und Funktionsshirts herumzulaufen, war nicht gerade verlockend.

Ein Besuch im Outdoor-Laden wurde zur Offenbarung. Zwischen den üblichen verdächtigen Khaki- und Olivtönen entdeckte ich tatsächlich Kleidung, die sowohl funktional als auch ansehnlich war. Leichte, schnelltrocknende Kleider in sommerlichen Farben, elegante Wanderhosen, die nicht aussahen wie aus einem Survival-

Training, und sogar Funktions-Tops, die man auch abends im Restaurant tragen konnte.

Die Verkäuferin, selbst begeisterte Radfahrerin, verstand mein Dilemma sofort. Sie zeigte mir, wie man praktische Outdoor-Kleidung stylish kombinieren kann. Die Kunst lag darin, die richtigen Materialien zu wählen und sie geschickt zu mixen. Ein leichtes Sommerkleid aus schnelltrocknendem Material, darunter eine dünne Fahrrad-Shorts – perfekt für eine Radtour mit anschließendem Café-Besuch.

Besonders spannend wurde es bei der Bademode. Ja, ich packte tatsächlich meinen Bikini ein – allerdings ergänzt durch einen sportlichen Badeanzug für aktive Strandtage. Die Verkäuferin erklärte mir, dass die Ostsee zwar nicht die Karibik sei, aber dafür andere Vorzüge habe: Man kann sich nach dem Baden problemlos an den Strand setzen, ohne gleich zu schwitzen, und die Lufttemperatur ist meist angenehm genug für leichte Sommerkleidung.

Meine Packliste entwickelte sich zu einem ausgeklügelten System aus verschiedenen Outfit-Optionen für alle möglichen Aktivitäten und Wetterlagen. Leichte, luftige Kleidung für Sonnentage am Strand. Funktionale, aber schicke Outfits für Radtouren. Bequeme, wetterfeste Kombinationen für Wanderungen. Und ja, auch ein paar schickere Teile für abendliche Restaurant-Besuche in den Kaiserbädern.

Thomas beobachtete meine Verwandlung von der Strand-Diva zur pragmatischen Outdoor-Lady mit einer Mischung aus Belustigung und Bewunderung. Besonders amüsant fand er meine Entdeckung der „Zwiebel-Technik" – das geschickte Übereinanderschichten verschiedener Kleidungsstücke, um für alle Wetterlagen gerüstet zu sein.

Die größte Herausforderung war die Schuhfrage. Wie viele verschiedene Arten von Schuhen braucht man für einen Aktivurlaub auf Usedom? Wanderschuhe waren ein Muss, bequeme Sneaker für Radtouren ebenfalls. Sandalen für den Strand, ein Paar wasserfeste

Schuhe für Regentage, und natürlich auch noch etwas Schickeres für abendliche Restaurantbesuche. Thomas' Vorschlag, einfach nur Wanderschuhe einzupacken, quittierte ich mit einem mitleidigen Lächeln.

Die Kompromisse, die ich schließlich fand, waren erstaunlich praktikabel. Leichte Wanderschuhe in modernem Design, die auch zu einer Jeans passten. Sportliche Sandalen, die sowohl am Strand als auch in der Stadt funktionierten. Und ein Paar faltbare Ballerinas, die kaum Platz im Gepäck brauchten, aber jeden Outdoor-Look sofort Stadt-tauglich machten.

Besondere Aufmerksamkeit widmete ich der Fahrrad-Garderobe. Die gepolsterte Radlerhose war ein notwendiges Übel, aber darüber trug ich ein luftiges Sportkleid. Die Funktions-Shirts wählte ich in frischen Farben, die sich gut kombinieren ließen. Und für kühlere Tage fand ich eine schicke Softshell-Jacke, die so gar nicht nach „Outdoor" aussah.

Die Accessoires wurden sorgfältig ausgewählt: Ein großes, leichtes Tuch, das als Sonnenschutz, Picknickdecke oder abendlicher Schulter-Schal dienen konnte. Eine stylische Kappe mit UV-Schutz für Radtouren. Und eine wasserdichte Tasche, die sowohl als Strandtasche als auch als Fahrrad-Gepäckträger-Tasche funktionierte.

Am Ende stand ich vor einem erstaunlich kompakten Stapel Kleidung, der sowohl Thomas' Anforderungen an Funktionalität als auch meinen Ansprüchen an Style gerecht wurde. Die Kunst lag in der Vielseitigkeit: Jedes Teil musste mehrere Funktionen erfüllen können und sich gut kombinieren lassen.

Und ja, ganz unten im Koffer, sorgfältig zwischen den Funktions-Shirts und Wandersocken versteckt, lag er: mein Lieblings-Bikini. Denn auch wenn wir einen Aktivurlaub planten – ein bisschen Karibik-Feeling durfte sein. Schließlich hatte Usedom ja mehr Sonnenstunden als Mallorca, wie Thomas nicht müde wurde zu betonen.

Die Geschichte, wie sich diese durchdachte Garderobe in der Praxis bewährte und welche Überraschungen das Usedom-Wetter für uns bereithielt – nun, das ist eine andere Geschichte.

GPS? Brauchen wir nicht!

Es gibt Sätze, die man besser nicht ausspricht. „Was soll schon schiefgehen?" zum Beispiel. Oder Thomas' denkwürdige Worte an unserem ersten Morgen auf Usedom: „GPS? Brauchen wir nicht! Ich hab doch die Karte auswendig gelernt!" Hätte ich in diesem Moment geahnt, dass diese Worte der Beginn eines epischen Irrwegs werden würden, hätte ich vielleicht energischer auf der Nutzung moderner Navigationstechnik bestanden.

Der Morgen begann eigentlich perfekt. Strahlender Sonnenschein, eine leichte Brise vom Achterwasser, und unsere nagelneuen E-Bikes standen aufgeladen und abfahrbereit vor unserem Ferienhaus. Der Plan war simpel: Eine entspannte Einführungstour durch das Achterland, ein paar Dörfer erkunden, vielleicht ein nettes Café finden. „Maximal zwei Stunden", versicherte Thomas mit der Überzeugung eines Menschen, der die letzten Wochen damit verbracht hatte, Google Maps auswendig zu lernen.

Die erste halbe Stunde verlief tatsächlich nach Plan. Wir radelten über gut ausgebaute Radwege, bewunderten die Landschaft und fühlten uns wie echte Outdoor-Profis. Thomas führte uns souverän durch ein malerisches Dorf nach dem anderen, kommentierte jede Sehenswürdigkeit und schien die Karte, die zusammengefaltet in seiner Trikottasche steckte, gar nicht zu brauchen.

Der erste Hinweis, dass etwas nicht stimmte, kam, als wir zum dritten Mal an derselben Kirchturmspitze vorbeifuhren – nur jeweils aus einer anderen Richtung. Thomas beharrte darauf, dass es sich um drei verschiedene Kirchen handele, die sich zufällig sehr ähnlich sahen. Die Logik dieser Erklärung erschloss sich mir nicht ganz, aber ich beschloss, seinem Orientierungssinn noch eine Chance zu geben.

Die Situation eskalierte, als wir versuchten, den Weg zum Achterwasser zu finden. Laut Thomas' mentaler Karte musste es „gleich hinter dem nächsten Waldstück" sein.

Nach dem dritten Waldstück und immer noch keinem Wasser in Sicht, begann ich sanft anzudeuten, dass wir vielleicht doch einen Blick auf die Karte werfen sollten.

Die Karte entpuppte sich allerdings als weniger hilfreich als erhofft –
hauptsächlich, weil Thomas sie zur Vorbereitung zu Hause so oft
gedreht und gewendet hatte, dass sie nun mehr einem Origami-
Kunstwerk glich als einem Navigationsinstrument. Außerdem
stellten wir fest, dass die Karte von 2014 stammte – was erklärte,
warum einige der Radwege in der Realität anders verliefen als auf
dem Papier.

Die nächste Stunde verbrachten wir damit, verschiedene Theorien
darüber zu entwickeln, wo wir uns befinden könnten. Thomas'
Überzeugung, dass er jeden Moment den richtigen Weg finden
würde, wurde nur noch von seiner Weigerung übertroffen,
Einheimische nach dem Weg zu fragen. „Ein echter Entdecker
braucht keine Hilfe", verkündete er mit einer Überzeugung, die
Indiana Jones alle Ehre gemacht hätte.

Unsere ungeplante Expedition führte uns durch Teile Usedoms, die
vermutlich seit der Wende keinen Touristen mehr gesehen hatten.
Wir entdeckten verlassene Bauernhöfe, versteckte Waldwege und
eine erstaunliche Vielfalt an Umwegen. Die einzige Konstante war
Thomas' unerschütterliche Behauptung, er wisse genau, wo wir
seien – nur leider nicht, wie wir von dort wegkamen.

Der Wendepunkt kam, als wir an einem kleinen Bauernhof
vorbeikamen und eine ältere Dame uns mit den Worten begrüßte:
„Sie sind heute schon zum dritten Mal hier vorbeigefahren – haben
Sie sich verirrt?" Thomas' Gesichtsausdruck in diesem Moment war
unbezahlbar – eine Mischung aus Empörung, Verlegenheit und der
langsamen Erkenntnis, dass sein perfekter Orientierungssinn
vielleicht doch nicht so perfekt war.

Die freundliche Bauersfrau erwies sich als unsere Rettung. Sie
erklärte uns nicht nur den Weg zurück zu unserem Ferienhaus,
sondern gab uns auch noch wertvolle Tipps für künftige Radtouren.
Außerdem erfuhren wir, dass wir nicht die ersten verirrten Touristen
waren, die ihr Hof an diesem Tag gesehen hatte – offenbar war die
Beschilderung in diesem Teil des Achterlands etwas eigenwillig.

Der Rückweg gestaltete sich dann überraschend einfach – vor allem, weil ich heimlich mein Smartphone gezückt und Google Maps aktiviert hatte, während Thomas vorgab, den Weg intuitiv zu finden. Nach insgesamt vier Stunden, drei unfreiwilligen Rundkursen und einer Gesamtstrecke, die deutlich länger war als geplant, erreichten wir endlich unser Ferienhaus.

Die Ironie des Schicksals wollte es, dass wir auf unserer ungeplanten Odyssee einige der schönsten Ecken des Achterlands entdeckt hatten. Versteckte Badestellen am Achterwasser, malerische Waldlichtungen und charmante kleine Dörfer, die in keinem Reiseführer standen. Thomas beharrte darauf, dass genau das sein Plan gewesen sei – eine Art „alternative Erkundungstour".

Am Abend, bei einem wohlverdienten Glas Wein auf unserer Terrasse, konnten wir sogar darüber lachen. Thomas gab sogar zu, dass ein GPS vielleicht doch keine schlechte Idee wäre – wenn auch nur als „Backup" für seine hervorragenden Orientierungsfähigkeiten. Ich enthielt mich wohlweislich jeden Kommentars zu dieser Einschätzung.

Die wichtigste Lektion dieses Tages war nicht nur, dass moderne Navigationshilfen durchaus ihre Berechtigung haben. Wir lernten auch, dass manchmal die ungeplanten Umwege die schönsten Entdeckungen mit sich bringen. Das Achterland hatte uns gezeigt, dass es seine Geheimnisse nicht jedem preisgibt – schon gar nicht denen, die glauben, sie hätten alles unter Kontrolle.

Wie wir in den folgenden Tagen lernten, Karte und GPS zu kombinieren, und welche Abenteuer uns dabei noch erwarteten – nun, das ist eine andere Geschichte. Eine Geschichte von versteckten Badestellen, die wir diesmal absichtlich fanden, von malerischen Picknickplätzen, die wir ohne Umwege erreichten, und von der Erkenntnis, dass manchmal die beste Navigation eine Mischung aus moderner Technik und alter Schule ist.

Eine Poolnudel am Achterwasser

Manche Erkenntnisse brauchen ihre Zeit. Bei Thomas war es der dritte Morgen unseres Usedom-Urlaubs, als ihm auffiel, was unserem Ferienhaus im Vergleich zu unseren bisherigen Urlaubsunterkünften fehlte. „Moment mal", sagte er beim Frühstück auf der Terrasse, „wir haben ja gar keinen Pool! Wie soll ich denn hier entspannen?"

Dieser Moment der Erkenntnis kam ausgerechnet, als wir den perfekten Bilderbuchmorgen erlebten: Die Sonne ging gerade über dem Achterwasser auf, Vögel zwitscherten ihr Morgenlied, und die Luft war erfüllt vom Duft frisch gemähten Grases. Aber Thomas, unser Pool-verwöhnter Pauschaltourist, konnte nur daran denken, dass er nirgends seine gewohnten Morgenrunden schwimmen konnte.

Die nächsten Stunden waren geprägt von leichtem Kulturschock. Thomas wanderte rastlos durch den Garten, als suche er einen versteckten Whirlpool zwischen den Brombeerbüschen. Seine Poolnudel, die er optimistisch eingepackt hatte, lag nun nutzlos auf der Terrasse und erinnerte stumm an vergangene All-Inclusive-Herrlichkeiten.

Doch dann geschah etwas Unerwartetes. Während unserer Morgenradtour entdeckten wir eine kleine, versteckte Bucht am Achterwasser. Keine Menschenseele weit und breit, nur wir, das glitzernde Wasser und eine alte Holzbank unter einer mächtigen Weide. Thomas, noch immer in Pool-Entzug, ließ sich seufzend auf die Bank fallen – und wurde still.

Die Stille war es, die ihn zuerst fesselte. Keine Animation, keine plätschernde Poolanlage, keine Durchsagen zum Aqua-Aerobic. Nur das sanfte Rauschen der Blätter im Wind, das leise Plätschern der kleinen Wellen und gelegentlich der Ruf eines Reihers, der majestätisch über das Wasser glitt.

Was dann folgte, war eine Art Naturtherapie in Echtzeit. Ich weiß nicht, wie lange wir an dieser Bucht saßen, aber ich konnte förmlich zusehen, wie die Anspannung aus Thomas' Körper wich. Er begann,

Dinge zu bemerken: wie sich das Licht im Wasser spiegelte, wie sich die Farben im Lauf der Sonne veränderten, wie verschiedene Vögel verschiedene Flugmuster am Himmel zeichneten.

Unsere erste Begegnung mit dem Achterwasser war wie eine Offenbarung. Das Wasser war überraschend klar, und die sanft abfallenden Ufer machten es perfekt zum Baden. Kein Chlorgeruch, keine gekachelten Wände, stattdessen weicher Sandboden unter den Füßen und ab und zu ein neugieriger Fisch, der vorbeischwamm.

In den folgenden Tagen entwickelten wir eine Art Routine. Jeden Morgen fuhren wir zu „unserer" Bucht, wie Thomas sie jetzt nannte. Er hatte sogar einen Thermobecher für seinen Morgenkaffee gekauft – etwas, das der alte Pool-Thomas nie getan hätte. Statt seine gewohnten Bahnen zu ziehen, ließ er sich einfach im Wasser treiben und beobachtete die Wolken.

Die Verwandlung war erstaunlich. Der Mann, der früher keine zehn Minuten still sitzen konnte, verbrachte jetzt Stunden damit, die Natur zu beobachten. Er entwickelte ein geradezu fotografisches Gedächtnis für verschiedene Vogelarten und konnte bald den Ruf des Eisvogels von dem der Rohrdommel unterscheiden – Vögel, von deren Existenz er vor einer Woche nicht einmal gewusst hatte.

Besonders faszinierend fand er die Tatsache, dass jeder Tag, jede Stunde an „seiner" Bucht anders war. Mal war das Wasser spiegelglatt, mal kräuselte es sich in kleinen Wellen. Manchmal zogen Nebelschwaden über das Wasser, dann wieder war die Sicht so klar, dass man jeden Stein am Grund sehen konnte.

„Das ist ja besser als jedes Poolprogramm", murmelte er eines Morgens, während er zusah, wie ein Seeadler elegant seine Kreise über dem Wasser zog.

Die Poolnudel auf unserer Terrasse wurde zum Running Gag. Thomas benutzte sie jetzt als provisorische Sitzunterlage für unsere Picknicks am Wasser. „Wer braucht schon einen Pool, wenn er ein ganzes Achterwasser hat?", wurde zu seinem neuen Motto – eine

Aussage, die ich heimlich mit meinem Handy aufnahm, um sie für die Ewigkeit zu bewahren.

Seine neue Naturverbundenheit führte zu unerwarteten Verhaltensänderungen. Er begann, früher aufzustehen, um den Sonnenaufgang nicht zu verpassen. Er kaufte sich ein Fernglas, um Vögel besser beobachten zu können. Er machte sogar Fotos von Pflanzen, um sie später zu bestimmen – derselbe Mann, der früher nicht mal zwischen einer Palme und einer Tanne unterscheiden konnte.

Die Entspannung, die er früher im Pool gesucht hatte, fand er jetzt in der Natur. Das gleichmäßige Auf und Ab der Wellen, das Spiel von Licht und Schatten auf dem Wasser, der rhythmische Flügelschlag der Schwäne – all das hatte eine beruhigende Wirkung, die kein künstlich angelegter Pool je erreichen konnte.

Selbst das Wetter, das nicht immer perfekt war, wurde Teil des Erlebnisses. Ein leichter Regenschauer verwandelte die Wasseroberfläche in ein tanzendes Muster aus Tropfen. Der Wind kräuselte das Wasser und brachte neue Geräusche und Gerüche mit sich. Jede Wetterlage hatte ihren eigenen Charakter, ihre eigene Schönheit.

Schon am Ende der ersten Urlaubswoche war Thomas ein anderer Mensch. Der Pool-Enthusiast hatte sich in einen Naturbeobachter verwandelt. Er kannte jetzt die besten Plätze zum Sonnenaufgang-Watching, hatte eine App zur Vogelbestimmung auf seinem Smartphone installiert und konnte stundenlang über die verschiedenen Stimmungen des Achterwassers philosophieren.

Wie diese neu entdeckte Naturverbundenheit sein weiteres Verhalten prägte und welche Überraschungen noch auf uns warteten, ist wieder eine andere Geschichte. Eine von nächtlichen Sternenbeobachtungen, frühmorgendlichen Vogelexkursionen und der Erkenntnis, dass die schönsten Dinge im Leben nicht chlorgereinigt sein müssen.

Wer braucht schon All-Inclusive?

Wenn man Thomas früher gesagt hätte, dass er einmal freiwillig auf ein All-Inclusive-Buffet verzichten würde, hätte er vermutlich ungläubig gelacht. Umso überraschender war sein Ausruf am fünften Tag unseres Usedom-Urlaubs: „Wer braucht schon All-Inclusive, wenn man frischen Fisch hat?" Dieser Moment der Erleuchtung kam, als er gerade seinen ersten selbst gekauften Räucheraal vom kleinen Fischerhof am Achterwasser probierte.

Die kulinarische Transformation meines Buffet-Liebhabers begann eigentlich schon am ersten Tag, als wir zufällig an einem unscheinbaren Räucherofen vorbeikamen. Der Duft von frisch geräuchertem Fisch lockte uns magisch an, und bevor Thomas protestieren konnte, dass dies nicht dem gewohnten 5-Sterne-Standard entspräche, hatte ich schon zwei Portionen Butterfisch bestellt.

Die Skepsis in seinem Gesicht wich schnell purer Begeisterung, als er den ersten Bissen probierte. Keine Spur von der sterilen Perfektion der Hotel-Buffets, stattdessen ein authentisches, rauchiges Aroma, das nach Meer und Abenteuer schmeckte. Der Fischer, ein waschechter Usedomer mit wettergegerbtem Gesicht, grinste wissend: „Na, det is mal wat andret als der Buffet-Fisch, wa?"

Was folgte, war eine regelrechte kulinarische Entdeckungsreise durch die Insel. Thomas entwickelte einen geradezu detektivischen Spürsinn für kleine Fischräuchereien, versteckte Hofläden und urige Gaststätten. Die App für Restaurantbewertungen wurde durch ein handgeschriebenes Notizbuch ersetzt, in dem er akribisch seine „Fischfang-Erfolge" dokumentierte.

Besonders angetan hatte es ihm der kleine Fischerhafen in Rankwitz. Hier kauften wir frischen Fisch direkt vom Kutter — ein Konzept, das Thomas anfangs völlig fremd war. Die Vorstellung, dass der Fisch vor wenigen Stunden noch schwamm, faszinierte ihn. Er lernte die Namen verschiedener Fischarten, unterschied bald Flunder von Scholle und wusste genau, wann welcher Fisch Saison hatte.

Die Verwandlung vom Buffet-Gourmet zum Fisch-Connaisseur war beeindruckend. Plötzlich interessierte er sich für Zubereitungsarten, fragte die Fischer nach Rezepten und experimentierte sogar selbst in der Küche unseres Ferienhauses. Der Höhepunkt war sein selbst zubereiteter Ostseedorsch mit Dillkartoffeln – ein Gericht, das er früher nicht einmal ausgesprochen hätte.

Aber es war nicht nur der Fisch, der uns begeisterte. Die kleinen Hofläden entlang der Radwege entpuppten sich als wahre Schatzkammern regionaler Spezialitäten. Selbstgemachte Marmeladen aus Sanddorn, frisches Brot vom Holzofenbäcker, Honig von Usedom-Bienen – jeder Tag brachte neue kulinarische Entdeckungen.

Thomas entwickelte eine besondere Vorliebe für das Usedomer Brot. Der Kontrast zum kontinentalen Frühstücksbuffet mit seinen uniformen Brötchen könnte größer nicht sein. Jeden Morgen holte er frisches Brot vom Dorfbäcker, der noch nach alten Rezepten backte. Die Schlange vor der Bäckerei wurde zu unserem morgendlichen Sozialtreff, wo Einheimische und Urlauber sich über die besten Rezepte und Geheimtipps austauschten.

Auch die Gastronomie der Insel überraschte uns mit ihrer Vielfalt. Von der urigen Fischerhütte bis zum feinen Restaurant in den Kaiserbädern – überall fanden wir authentische Gerichte mit regionalen Zutaten. Thomas' anfängliche Sorge, er würde die internationale Küche der Hotelrestaurants vermissen, erwies sich als völlig unbegründet.

Besonders beeindruckt war er von der Saisonalität der Gerichte. Im Hotel-Buffet war ja alles immer verfügbar gewesen, aber hier lernten wir den natürlichen Rhythmus der regionalen Küche kennen. Wenn der Fischer sagte „Heute kein Dorsch", dann war eben kein Dorsch da – dafür vielleicht etwas anderes, Frisches, Überraschendes.

Die Kaufmannsläden in den kleinen Dörfern wurden zu unseren Lieblingsorten. Hier gab es keine endlosen Regalreihen mit international standardisierten Produkten, sondern handverlesene regionale Spezialitäten. Wir entwickelten eine regelrechte Leidenschaft für das „Souvenir-Shopping" der essbaren Art – Sanddornlikör, geräucherter Fisch zum Einpacken, hausgemachte Marmeladen.

Der Picknickkorb wurde zum ständigen Begleiter auf unseren Radtouren. Morgens packten wir ihn mit frischem Brot, regionalen Käsesorten, hausgemachten Aufstrichen und natürlich Räucherfisch. Die Picknickplätze am Achterwasser wurden zu unseren persönlichen Freiluft-Restaurants – mit garantiert dem besten Ausblick der Insel.

Die Gespräche mit den Einheimischen über Essen, Land und Leute wurden zu kulturellen Entdeckungsreisen. Wir lernten nicht nur neue Gerichte kennen, sondern auch die Geschichten dahinter. Jedes Rezept hatte seine eigene Historie, war verbunden mit Familientraditionen und lokalen Bräuchen. Das war etwas, das kein noch so luxuriöses Hotelbuffet bieten konnte.

Thomas' Wandlung zum Regionalfood-Fan gipfelte in dem Versuch, selbst Fisch zu räuchern – mit Unterstützung eines geduldigen Fischers, der sich das Grinsen nicht verkneifen konnte. Das Ergebnis war zwar nicht ganz perfekt, aber die Begeisterung für den handwerklichen Aspekt des Essens war geweckt.

Am Ende unseres Urlaubs hatten wir so nicht nur unser Verhältnis zu All-Inclusive-Buffets grundlegend überdacht, sondern auch einen neuen Zugang zum Essen gefunden. Die Wertschätzung für regionale Produkte, die Freude am Entdecken lokaler Spezialitäten und das Verständnis für saisonale Küche waren bleibende Souvenirs unserer Usedom-Reise.

Vom Wadengeplagten zum begeisterten Radler

„Meine Waden fühlen sich an wie nach einem Marathon", stöhnte Thomas am Ende unserer ersten „richtigen" Radtour über die Insel. Dabei hatte er doch ein E-Bike! Als ich ihn darauf hinwies, kam prompt die Antwort: „Ja, aber ich wollte der Unterstützung nicht zu viel zumuten – man weiß ja nie, wie lange der Akku wirklich hält." Diese Logik war so typisch Thomas, dass ich mir ein Grinsen nicht verkneifen konnte.

Die ersten Tage auf dem Rad waren eine Mischung aus Komödie und Naturdokumentation. Thomas, der sich in den Wochen vor dem Urlaub als Experte für alle Radthemen präsentiert hatte, kämpfte mit der grundlegendsten aller Radfahrer-Herausforderungen: dem richtigen Gang. Trotz elektronischer Unterstützung schaffte er es regelmäßig, entweder in einem viel zu schweren oder viel zu leichten Gang zu fahren.

Seine Beziehung zur elektrischen Unterstützung war dabei von höchst unterhaltsamer Ambivalenz geprägt. Einerseits war er stolz darauf, nicht „die volle Power" zu nutzen – andererseits konnte man förmlich sehen, wie sein Finger am Knopf zuckte, wenn es auch nur den Hauch einer Steigung gab. Die berühmte Usedom-Hügel-Landschaft erwies sich dabei als perfektes Trainingsgelände für seine Willenskraft.

Die erste große Herausforderung war der Anstieg zum Streckelsberg. Während ich gemütlich mit mittlerer Unterstützung hinauffuhr, entwickelte Thomas eine ganz eigene Strategie: Zwanzig Meter fahren, anhalten, die Aussicht bewundern, weiter fahren. Dass die „Aussicht" in Wirklichkeit nur als Vorwand zum Verschnaufen diente, war uns beiden klar, wurde aber stillschweigend ignoriert.

Besonders spannend waren seine Versuche, die optimale Sitzposition zu finden. Alle fünf Minuten wurde der Sattel neu eingestellt, die Lenkerhöhe verändert oder die Position der Handgriffe optimiert.

Unser Durchschnittstempo litt zwar darunter, aber dafür lernte ich mehr über Fahrradergonomie als in allen Jahren zuvor.

Die wahre Komik entfaltete sich jedoch bei unseren Pausen. Thomas hatte sich YouTube-Videos über die richtige Dehnungstechnik angesehen und führte nun an jedem Rastplatz ein elaboriertes Stretching-Programm vor. Die Blicke der anderen Radfahrer reichten von mitleidig bis bewundernd, während er in verschiedenen Verrenkungen versuchte, seine „marathongeschädigten" Waden zu lockern.

Mit jedem Tag wurden die Touren länger, und Thomas' Verhältnis zu seinem E-Bike entwickelte sich von skeptischer Distanz zu inniger Zuneigung. Er gab den einzelnen Unterstützungsstufen sogar Namen: „Kaffeefahrt" für die niedrigste, „Bergziege" für die höchste. Die mittleren Stufen nannte er „Genussradeln" und „Jetzt-wird's-ernst" – eine Nomenklatur, die schnell von anderen Radlern übernommen wurde.

Die Entwicklung seiner Radler-Garderobe war dabei ein Kapitel für sich. Von der anfänglichen „Hauptsache-bequem"-Einstellung verwandelte er sich in einen wandelnden Fahrrad-Modekatalog. Die gepolsterte Radlerhose, anfangs noch verschämt unter normalen Shorts getragen, wurde stolz zur Schau gestellt. Das atmungsaktive Funktionsshirt wurde sein neuer Casual-Look.

Besonders stolz war er auf seine selbst entwickelte „Etappen-Strategie". Statt direkt von A nach B zu fahren, plante er die Routen nach optimalen Einkehr- und Pausenmöglichkeiten. Dabei entwickelte er ein erstaunliches Gespür für die schönsten Rastplätze der Insel – stets mit der Begründung, dass man „die Akkus schonen" müsse. Dass damit nicht nur die des E-Bikes gemeint waren, war offensichtlich.

Die Wende kam etwa nach einer Woche, als wir eine längere Tour um das Achterwasser machten. Plötzlich merkte Thomas, dass seine Waden sich gar nicht mehr wie nach einem Marathon anfühlten. Im Gegenteil: Er fühlte sich fit, energiegeladen und war kaum zu bremsen.

Die elektrische Unterstützung nutzte er jetzt gezielter, und seine Gangschaltung-Probleme waren wie durch Zauberhand verschwunden.

Seine neue Leidenschaft führte zu detaillierten Tourenplänen, die er akribisch in sein „Radler-Logbuch" eintrug. Jede Tour wurde dokumentiert, mit Höhenprofil, Durchschnittsgeschwindigkeit und – besonders wichtig – einer Bewertung der Einkehrmöglichkeiten. Seine Excel-Tabelle wuchs zu einem regelrechten Usedom-Radführer heran.

Die Verwandlung vom wadengeplagten Anfänger zum begeisterten Radfahrer war beeindruckend. Bald kannte er jeden Radweg, jede Abkürzung und jeden Aussichtspunkt. Er entwickelte sogar eine Art sechsten Sinn für aufziehende Regenwolken und wusste immer genau, welcher Unterstand der nächste war.

Seine anfängliche Sorge um die Akkureichweite wich einem fast spielerischen Umgang mit der elektrischen Unterstützung. Er experimentierte mit verschiedenen Fahrstilen, testete unterschiedliche Kombinationen von Gang und Unterstützungsstufe und teilte seine Erkenntnisse großzügig mit anderen Radlern.

Am Ende des Urlaubs war Thomas nicht mehr wiederzuerkennen. Seine Waden, anfangs noch Quelle ständiger Klagen, waren nun sein Stolz. Er hatte sogar eine leichte Bräune bekommen – allerdings nur bis zur Höhe seiner Radlershorts, was zu einem interessanten Streifenmuster führte.

Du schnarchst ja gar nicht mehr

Es war in der fünften Nacht unseres Urlaubs, als mir etwas Seltsames auffiel: Die sonst so vertraute nächtliche Geräuschkulisse fehlte. Keine rhythmischen Schnarchlaute, kein gelegentliches Röcheln oder Pfeifen, nicht einmal ein leises Brummen.

„Thomas", sagte ich am nächsten Morgen beim Frühstück, „du schnarchst gar nicht mehr!" Seine Antwort war typisch: „Ich habe noch nie geschnarcht! Ich habe nur einen sehr ausdrucksvollen Schlaf." Die Verwandlung meines nächtlichen Symphonie-Orchesters in einen lautlosen Schläfer war nur einer der überraschenden Effekte, die die Ostseeluft und auch seine neu gewonnene Fitness auf uns hatte. Nach Jahren des erfolglosen Experimentierens mit Nasenstrips, Antischnarch-Kissen und sogar einer App, die angeblich Schnarchgeräusche durch sanfte Musikklänge ersetzen sollte, hatte die Seeluft geschafft, was keine moderne Technologie vermochte.

Die Veränderungen begannen schleichend. Zuerst bemerkten wir, dass wir abends früher müde wurden — nicht die erschöpfte Müdigkeit nach einem langen Arbeitstag, sondern eine angenehme, natürliche Schlaffheit. Statt bis Mitternacht vor dem Fernseher zu sitzen, fanden wir uns schon um zehn auf der Terrasse wieder, wo wir dem Konzert der Nachtvögel lauschten und dabei friedlich eindösten.

Der Schlafrhythmus änderte sich komplett. Zu Hause war Thomas ein notorischer Langschläfer gewesen, der am Wochenende gerne mal bis mittags im Bett blieb. Hier wachte er mit den ersten Sonnenstrahlen auf, und das ohne den sonst üblichen morgendlichen Kampf mit dem Wecker. Die Kombination aus Seeluft, Bewegung und dem natürlichen Tag-Nacht-Rhythmus wirkte Wunder.

Besonders faszinierend war die Wirkung auf unsere Atemwege. Thomas, der zu Hause regelmäßig über eine verstopfte Nase klagte, atmete plötzlich frei durch. Die salzhaltige Luft wirkte wie eine natürliche Nasendusche.

Seine anfängliche Skepsis gegenüber dem „komischen Geruch" der Seeluft wich einer regelrechten Begeisterung. Er entwickelte sogar eine Art Ritual: Jeden Morgen stand er auf der Terrasse, atmete tief durch und erklärte feierlich, dass dies besser sei als jede Aromatherapie.

Die Qualität unseres Schlafes veränderte sich ebenfalls dramatisch. Zu Hause waren wir es gewohnt, mehrmals pro Nacht aufzuwachen – sei es wegen Straßenlärm, zu hoher Temperaturen oder einfach wegen innerer Unruhe. Hier schliefen wir durch wie Murmeltiere. Das sanfte Rauschen der Bäume und die absolute Dunkelheit abseits der Touristenzentren schufen perfekte Bedingungen für erholsamen Schlaf.

Auch tagsüber machte sich die Wirkung der Seeluft bemerkbar. Die sonst übliche Nachmittagsmüdigkeit blieb aus, stattdessen verspürten wir eine konstante, angenehme Energie. Selbst nach langen Radtouren fühlten wir uns zwar körperlich erschöpft, aber mental erfrischt. Es war, als hätte jemand unsere innere Uhr neu justiert.

Thomas entwickelte eine regelrechte Obsession für das Thema Luftqualität. Er las alles über die besondere Zusammensetzung der Ostseeluft, über Aerosole und deren gesundheitliche Wirkung. Seine Theorien, warum genau die Luft hier so anders war als zu Hause, wurden täglich komplexer und amüsanter. Von Algenphotosynthese bis zur elektromagnetischen Feldstärke der Ostsee – keine Erklärung war zu abwegig.

Besonders deutlich wurde die Veränderung bei unseren abendlichen Gesprächen auf der Terrasse. Statt wie zu Hause erschöpft vor dem Fernseher zu sitzen, führten wir lange, entspannte Unterhaltungen. Die reine Luft schien auch unsere Gedanken zu klären. Wir machten Pläne, nicht nur für den nächsten Tag, sondern für die Zukunft, und zum ersten Mal seit langem fühlten sich diese Pläne nicht wie stressige Verpflichtungen an.

Die Veränderungen waren nicht nur körperlicher Natur. Unsere gesamte Stimmung hellte sich auf.

Der chronische Stress, der uns zu Hause oft begleitete, löste sich in der Seeluft auf wie morgendlicher Nebel in der Sonne. Selbst kleine Widrigkeiten, die uns normalerweise auf die Palme gebracht hätten, nahmen wir mit einer neuen Gelassenheit hin.

Die nächtliche Stille in unserem Schlafzimmer wurde zum Symbol für die heilsame Wirkung der Ostseeluft. Keine Schnarchkonzerte mehr, kein unruhiges Hin- und Herwälzen. Stattdessen tiefer, erholsamer Schlaf, aus dem wir morgens erfrischt und energiegeladen erwachten. Thomas' „ausdrucksvoller Schlaf" war einer friedlichen Nachtruhe gewichen.

Mit jedem Tag wurden die positiven Effekte deutlicher. Unsere Haut fühlte sich besser an, unsere Lungen schienen mehr Kapazität zu haben, und selbst unsere Haltung verbesserte sich. Es war, als hätte die Ostseeluft einen Reset-Knopf in unserem Körper gedrückt und alles wieder auf die Werkseinstellungen zurückgesetzt.

Die abendlichen Spaziergänge am Strand wurden zu einem festen Ritual. Die Kombination aus Meeresrauschen, salziger Luft und dem Gefühl von Sand unter den Füßen war wie eine natürliche Meditation. Wir schliefen danach so gut wie seit Jahren nicht mehr.

Die Ostseeluft hatte uns grundlegend verändert. Thomas' Schnarchen war verschwunden, unser Schlafrhythmus hatte sich normalisiert, und wir fühlten uns insgesamt wie neu geboren. Die Frage war nur: Wie könnten wir dieses Gefühl mit nach Hause nehmen?

Die Geschichte, wie sich diese neu gewonnene Energie auch auf andere Bereiche unseres Lebens auswirkte, besonders auf unsere Fitness und unser Gewicht – nun, das ist eine andere Geschichte. Eine von verschwundenen Pfunden, eng gewordenen Hosen und der überraschenden Erkenntnis, dass manchmal die beste Diät darin besteht, einfach Seeluft zu atmen. Aber das erzähle ich euch im nächsten Kapitel: „Wer hat meine Hose enger genäht?" Oder: Wie die Pfunde purzelten.

Wer hat meine Hose enger genäht?

„Sandra, irgendjemand muss meine Hose enger genäht haben!", rief Thomas eines Morgens verzweifelt aus dem Schlafzimmer. Es war der zehnte Tag unseres Urlaubs, und seine Lieblingshose, die am Anfang der Reise noch locker gesessen hatte, spannte plötzlich verdächtig an den Oberschenkeln. Allerdings nicht, weil sie enger geworden war, sondern weil seine Muskeln vom vielen Radfahren gewachsen waren, während sein Bauchumfang deutlich geschrumpft war.

Die Verwandlung unserer Körper war eine der überraschendsten Nebenwirkungen unseres Usedom-Urlaubs. Ohne Diätplan, ohne Kalorienzähler-App und ohne die sonst üblichen Selbstvorwürfe beim Essen purzelten die Pfunde wie von selbst. Der aktive Lebensstil auf der Insel hatte uns regelrecht umgekrempelt.

Die Veränderung begann schleichend. Zunächst bemerkten wir nur, dass unsere Bewegungen leichter wurden. Die Radtouren, die uns anfangs noch außer Atem brachten, meisterten wir nun mit einer gewissen Leichtigkeit. Die Treppe zu unserem Ferienhaus, die uns in der ersten Woche noch schnaufen ließ, nahmen wir jetzt fast spielerisch.

Thomas' Verwandlung war dabei besonders spektakulär. Mein Mann, der zu Hause jeden Weg unter fünf Kilometern grundsätzlich mit dem Auto zurücklegte, radelte nun täglich kilometerweit, als hätte er nie etwas anderes getan. Seine anfänglichen Bedenken wegen der „anstrengenden Bewegung" waren einer regelrechten Bewegungsfreude gewichen.

Die Kombination aus aktiver Bewegung, gesunder Ernährung und Seeluft erwies sich als perfektes Fitness-Programm. Statt des gewohnten Hotelfrühstücks mit Bergen von Rühreiern und Speck gab es nun frisches Brot vom Bäcker, regionales Obst und selbstgemachte Marmelade. Das Mittag- und Abendessen bestand hauptsächlich aus frischem Fisch und lokalen Produkten.

„Ich glaube, meine Waden sind aus Stahl!", verkündete Thomas stolz, während er vor dem Spiegel posierte.

Tatsächlich hatten sich seine Beine deutlich verändert. Die regelmäßigen Radtouren formten nicht nur seine Waden, sondern stärkten auch seine Oberschenkel- und Gesäßmuskulatur. Die gepolsterte Radlerhose, anfangs noch sein treuer Beschützer gegen Sitzbeschwerden, wurde allmählich überflüssig.

Besonders interessant war auch die Veränderung unserer Essgewohnheiten. Ohne es bewusst zu planen, aßen wir plötzlich viel ausgewogener. Die schweren Restaurantmahlzeiten wurden durch leichte, aber sättigende Picknicks ersetzt. Statt Bratwurst und Pommes gab es nun häufiger Fischbrötchen und frischen Salat. Der konstante Bewegungsdrang sorgte zudem dafür, dass wir nur dann aßen, wenn wir wirklich hungrig waren.

Die Verwandlung unserer Körper ging mit einer mentalen Veränderung einher. Das ständige Gedankenkreisen um Kalorien und Gewicht verschwand. Stattdessen entwickelten wir ein natürliches Gefühl für das, was unser Körper wirklich brauchte. Die Bewegung war nicht mehr lästige Pflichtübung, sondern eine willkommene Herausforderung.

Auch unser Verhältnis zu Süßigkeiten veränderte sich grundlegend. Die üblichen Heißhungerattacken blieben aus. Wenn wir Lust auf etwas Süßes hatten, gönnten wir uns ein Stück selbstgebackenen Kuchen im Café oder eine Kugel hausgemachtes Eis – aber ohne das sonst übliche schlechte Gewissen.

Die Kleidung wurde zum deutlichsten Indikator unserer Veränderung. T-Shirts, die am Anfang des Urlaubs noch eng saßen, fielen nun locker. Hosengürtel mussten enger geschnallt werden. Selbst unsere Gesichter veränderten sich: Die Wangen wurden definierter, die Augen strahlender. Die Kombination aus Bewegung, frischer Luft und gesunder Ernährung zeigte ihre Wirkung.

Doch nicht nur Thomas, sondern wir beide entwickelten eine regelrechte Begeisterung für unsere körperliche Verwandlung.

Ich begann, Fotos von uns „vorher" und „nachher" zusammenzustellen. Thomas maß täglich seinen Bauchumfang und führte akribisch Buch über die gefahrenen Kilometer. Seine Freude über jeden verlorenen Zentimeter war ansteckend.

Die abendlichen Strandspaziergänge wurden zu einem festen Bestandteil unserer Fitness-Routine. Das Laufen im Sand trainierte nicht nur die Beinmuskulatur, sondern forderte auch unseren Gleichgewichtssinn. Ohne es zu merken, trainierten wir unseren ganzen Körper – und hatten dabei noch eine wunderbare Zeit.

Besonders erstaunlich war, wie nachhaltig die Veränderungen waren. Dies war keine schnelle Crash-Diät, sondern eine grundlegende Umstellung unseres Lebensstils. Die Bewegung wurde zur Gewohnheit, das gesunde Essen zum Selbstverständnis. Wir fühlten uns nicht nur schlanker, sondern vor allem vitaler und energiegeladener.

Auch der Effekt auf unser Selbstbewusstsein war bemerkenswert. Mit jedem Tag, an dem die Kleidung lockerer saß, wuchs auch unser Selbstvertrauen. Wir bewegten uns anders, hielten uns gerader. Die körperliche Veränderung spiegelte sich in unserer gesamten Ausstrahlung wider.

Am Ende des Urlaubs waren wir nicht nur äußerlich verändert. Wir hatten ein neues Verhältnis zu unserem Körper entwickelt. Eines, das auf Respekt und Achtsamkeit basierte. Die Pfunde, die gepurzelt waren, waren dabei fast nebensächlich – viel wichtiger war das neue Gefühl von Vitalität und Wohlbefinden.

Die Geschichte, wie diese körperliche Veränderung auch unseren Umgang mit sozialen Medien veränderte und wie wir lernten, echte Erlebnisse mehr zu schätzen als virtuelle Likes – nun, das ist eine andere Geschichte. Eine von authentischen Momenten, ungeschminkten Selfies und der überraschenden Erkenntnis, dass das wahre Leben viel spannender ist als jeder Instagram-Filter. Aber das erzähle ich euch im nächsten Kapitel.

Über balzende Schwäne und tollpatschige Entenküken

„Das ist ja wie Instagram live!", rief Thomas begeistert, als wir einen Seeadler beim Fischen beobachteten. Dann hielt er inne und fügte nachdenklich hinzu: „Nein, eigentlich ist es viel besser." In diesem Moment wurde mir klar, dass unser Usedom-Urlaub nicht nur unsere Körper, sondern auch unser Verhältnis zur digitalen Welt grundlegend veränderte.

Zunächst fiel uns auf, dass wir immer seltener nach unseren Smartphones griffen. Der gewohnte Reflex, jede Mahlzeit zu fotografieren und sofort zu posten, verschwand allmählich. Stattdessen genossen wir den Moment, den Geschmack, die Gesellschaft – ohne den Drang, alles sofort mit der virtuellen Welt zu teilen.

Die ersten Tage waren noch von einer gewissen digitalen Entzugserscheinung geprägt. Thomas checkte reflexartig alle paar Minuten sein Handy, nur um festzustellen, dass das Naturschauspiel vor unseren Augen weitaus faszinierender war als jeder Social-Media-Feed. Die Lichtstimmungen am Achterwasser, die Vogelbeobachtungen, die unerwarteten Begegnungen mit Wildtieren – all das ließ sich durch keinen Filter und keine App wirklich einfangen.

Unsere Art des Fotografierens veränderte sich ebenfalls. Statt endlos Selfies zu schießen und nach dem perfekten Winkel zu suchen, begannen wir, die Natur zu dokumentieren. Thomas entwickelte eine besondere Leidenschaft für Vogelfotos, auch wenn die meisten seiner ersten Versuche nur verschwommene Punkte am Himmel zeigten. Aber es ging nicht mehr um die perfekte Instagram-Tauglichkeit, sondern um die Freude am Beobachten und Entdecken. Die Morgen begannen nicht mehr mit dem üblichen Social-Media-Check, sondern mit einem echten Blick aus dem Fenster. Das Wetter wurde nicht mehr per App gecheckt, sondern durch aufmerksames Beobachten des Himmels und der Wolkenformationen eingeschätzt. Thomas war dabei überraschend treffsicher in seinen Vorhersagen – genauer als so manche Wetter-App.

Besonders bemerkenswert war die Veränderung unserer Kommunikation. Ohne die ständige Ablenkung durch Nachrichten und Benachrichtigungen führten wir plötzlich wieder richtige Gespräche. Wir diskutierten über die gesehenen Vögel, planten gemeinsam Radtouren und teilten unsere Beobachtungen – ganz ohne die sonst übliche digitale Ablenkung.

Die abendlichen Stunden, die wir sonst mit endlosem Scrollen durch soziale Medien verbracht hätten, wurden zu kostbaren Momenten der Naturbeobachtung. Wir entdeckten, dass die „Golden Hour" viel beeindruckender in der Realität ist als durch jeden Instagram-Filter. Die Sonnenuntergänge am Achterwasser boten eine Show, die kein Bildschirm der Welt wiedergeben konnte.

Thomas entwickelte eine regelrechte Leidenschaft für das „analoge" Naturerlebnis. Er führte ein handgeschriebenes Tagebuch über unsere Beobachtungen, skizzierte Vögel (wenn auch nicht immer erkennbar) und sammelte Muscheln statt Likes. Seine sonst so aktiven Social-Media-Accounts lagen brach, und überraschenderweise schien es ihm nichts auszumachen.

Die Begegnungen mit anderen Menschen wurden authentischer. Statt über die neuesten Online-Trends zu sprechen, tauschten wir uns über Wanderrouten aus, diskutierten die besten Angelplätze oder teilten Beobachtungen über das Verhalten der Wildgänse. Die Gespräche hatten plötzlich eine Tiefe, die in der digitalen Welt oft verloren ging.

Selbst unsere Abendunterhaltung veränderte sich. Netflix und YouTube wichen dem Schauspiel der Natur. Wir beobachteten Fledermäuse bei der Jagd, lauschten dem Konzert der Vögel und lernten die verschiedenen Sternbilder kennen. Thomas wurde zum begeisterten Amateur-Astronomen, auch wenn er anfangs den Großen Wagen für den Kleinen hielt.

Die wenigen Fotos, die wir machten, hatten plötzlich eine andere Qualität. Sie waren nicht mehr für die sofortige Veröffentlichung gedacht, sondern als echte Erinnerungen. Wir fotografierten die kleinen Details: eine besondere Muschel, Tierspuren im Sand, das erste Morgenlicht auf dem Wasser. Diese Bilder erzählten unsere Geschichte authentischer als jeder durchgestylte Social-Media-Post.

Das Fehlen von WLAN an manchen Orten wurde von einer vermeintlichen Einschränkung zu einem Segen. Wir entdeckten, dass die schönsten Plätze oft genau dort waren, wo das Handy keinen Empfang hatte. Die digitale Auszeit wurde zu einer Quelle der Entspannung und Inspiration.

Das „Live-Streaming" der Natur erwies sich als weitaus unterhaltsamer als jedes Youtube-Video. Wir beobachteten Drama (Möwen im Streit um einen Fisch), Romantik (balzende Schwäne) und Comedy (tollpatschige Entenküken). Keine Serie konnte mit diesem Programm mithalten.

Am Ende des Urlaubs war unser Verhältnis zu sozialen Medien grundlegend verändert. Wir hatten gelernt, dass die schönsten Momente oft die sind, die man nicht fotografiert oder postet. Die echten „Likes" kamen von den Menschen, mit denen wir unsere Erlebnisse persönlich teilten, nicht von anonymen Followern.

Die Geschichte, wie diese digitale Entgiftung auch unseren Umgang mit anderen Genüssen veränderte und wie wir die lokalen Spezialitäten der Insel entdeckten – nun, das ist eine andere Geschichte. Eine von handgebrauten Bieren, regionalen Spirituosen und der überraschenden Erkenntnis, dass ein Gespräch in einer gemütlichen Inselkneipe mehr Spaß macht als alle Trending Topics der sozialen Medien oder Nachrichtenplattformen zusammen. Aber das erzähle ich euch im nächsten Kapitel, in dem es um eine kleine lokale Getränkekunde geht.

Prost Usedom!

„Ein Mellenthiner Bier hat doch bestimmt weniger Kalorien als eine Caipirinha, oder?", fragte Thomas hoffnungsvoll, während er sein goldenes Inselbier gegen das Licht hielt. Seine kreative Diättheorie brachte mich zum Lachen. „Klar, und der Sanddornlikör zählt als Obstportion!", konterte ich, während wir in der urgemütlichen Brauerei in Mellenthin saßen.

Unsere Entdeckungsreise durch die lokale Getränkekarte Usedoms begann eigentlich aus einer Laune heraus. Nach all den Jahren von standardisierten Hotelbar-Cocktails war die Vielfalt der regionalen Getränke eine wahre Offenbarung. Statt der üblichen Mojitos und Aperol Spritz fanden wir uns plötzlich in einer Welt von handgebrauten Bieren, hausgemachten Likören und traditionellen Geistern wieder.

Das Mellenthiner Schlossbier wurde schnell zu Thomas' persönlichem Favoriten. Seine Theorie, dass lokales Bier aufgrund der kurzen Transportwege automatisch gesünder sei, war zwar wissenschaftlich fragwürdig, aber seine Begeisterung für die verschiedenen Biersorten war ansteckend. Er entwickelte sich vom Standardbier-Trinker zum regelrechten Craft-Beer-Enthusiasten.

Die Brauerei in Mellenthin wurde zu unserem Stammplatz. Hier lernten wir nicht nur die verschiedenen Biersorten kennen, sondern auch die Menschen dahinter. Der Braumeister erklärte uns geduldig die Unterschiede zwischen den verschiedenen Suden. Seine Geschichten über die Tradition des Bierbrauens auf der Insel waren dabei spannender als jeder Reiseführer.

Besonders faszinierend war die Entdeckung des Sanddornlikörs. Diese leuchtend orange Spezialität der Insel war für uns zunächst ein Kuriosum, entwickelte sich aber schnell zu einem echten Favoriten. Mein Versuch, ihn als „Vitaminbombe" zu deklarieren, fand sogar Thomas etwas weit hergeholt, aber der fruchtig-herbe Geschmack war tatsächlich etwas Besonderes.

Die lokale Destillerie bot zudem eine überraschende Vielfalt. Vom klassischen Obstbrand bis zu innovativen Gin-Kreationen oder

Geistern mit Inselkräutern war alles dabei. Thomas entwickelte eine besondere Vorliebe für den Bitter – natürlich nur aus medizinischen Gründen, wie er beteuerte. Seine detaillierten Aufzeichnungen über die verschiedenen Geschmacksnoten hätten jeden Weinkritiker neidisch gemacht.

Auch unsere Abende in den kleinen Dorfkneipen wurden zu kulturellen Expeditionen. Statt in anonymen Hotelbars zu sitzen, fanden wir uns in urigen Gasthäusern wieder, wo jedes Getränk eine Geschichte hatte. Die Wirte erzählten von alten Rezepturen, von Großmutters geheimen Likör-Rezepten und von der Tradition des Schnapsbrennens auf der Insel.

Thomas' Verwandlung vom Cocktail-Connaisseur zum Lokalgetränke-Experten war bemerkenswert. Seine Bewertungskriterien waren dabei höchst eigen: „Gemütlichkeitsfaktor", „Lokalkolorit" und natürlich die allgegenwärtige „Kalorieneffizienz" spielten eine wichtige Rolle.

Die Kunst des langsamen Trinkens lernten wir auch. Statt schnell gekippter Cocktails ging es nun um das bewusste Genießen. Ein Glas lokales Bier oder ein kleiner Kräuterlikör wurden zu Anlässen für lange Gespräche und gemütliches Beisammensein. Die Hektik der Hotelbar-Happy-Hours schien einer anderen Welt anzugehören.

Besonders interessant waren die saisonalen Spezialitäten. Im Sommer schmeckten uns die leichten Biersorten und fruchtigen Liköre passend zur Jahreszeit natürlich am besten. Das bedeutete aber nicht, dass wir nicht auch ab und zu mal die kräftigeren und würzigeren herbstlichen Varianten probierten. Schließlich wollten wir uns auch schon mal einen kleinen Vorgeschmack holen, wie Usedom wohl im Herbst und Winter schmecken würden.

So wie die Briten ihre Pubs lieben, wurden auch die lokalen Wirtshäuser Usedoms zu unseren zweiten Wohnzimmern. Jedes hatte seinen eigenen Charakter, seine Stammgäste und seine Spezialitäten.

Dabei wurde Thomas' Fähigkeit, die perfekte Location für jeden Abend zu finden, geradezu unheimlich.

Die Kombination aus regionalen Getränken und lokaler Küche eröffnete uns neue geschmackliche Horizonte. Wir lernten, welches Bier am besten zum geräucherten Fisch passte und welcher Kräuterlikör die perfekte Ergänzung zum hausgemachten Dessert war.

Auch unsere Souvenirs veränderten sich. Statt kitschiger Postkarten und Muschelketten kauften wir sorgfältig ausgewählte Flaschen lokaler Spezialitäten. Jede hatte ihre eigene Geschichte, ihre eigene Erinnerung an einen besonderen Abend oder eine interessante Begegnung.

Der Abschied von der Insel fiel uns auch wegen dieser neu entdeckten Getränkekultur schwer. Die Vorstellung, wieder zu standardisierten Cocktails zurückzukehren, erschien uns plötzlich fade. Thomas hatte sogar schon Pläne für einen „Usedom-Abend" zu Hause, komplett mit importiertem Inselbier, Schloss- und Ingwer-Geist sowie Sanddornlikör.

Die Geschichte, wie diese neu entdeckte Vorliebe für lokale Spezialitäten uns zu noch tieferen Einblicken in das Leben der Inselbewohner führte und wie wir dabei feststellten, dass es auf Usedom tatsächlich noch „richtige Menschen" gibt – nun, das ist eine andere Geschichte. Eine von herzlichen Begegnungen, überraschenden Freundschaften und der Erkenntnis, dass die besten Gespräche oft dort entstehen, wo das Handy in der Tasche und das lokale Getränk in der Hand bleibt. Aber das erzähle ich euch im nächsten Kapitel: „Hier gibt's ja richtige Menschen! – Wie wir die Insel durch ihre Bewohner neu kennenlernen".

Von versunkenen Dörfern und reichen Fischzügen

„Entschuldigung, könnten Sie uns sagen, wo hier der nächste Animateur ist?", fragte Thomas mit gespieltem Ernst die ältere Dame im Dorfladen. Sie schaute ihn erst verwirrt, dann amüsiert an und antwortete trocken: „Jung, wenn Sie Entertainment suchen, setzen Sie sich einfach zu den Fischern an den Hafen. Die erzählen bessere Geschichten als jeder bezahlte Unterhalter!"

Diese zufällige Begegnung war typisch für unseren Usedom-Urlaub. Nach Jahren von durchgetakteten Hotelaufenthalten mit Animationsprogramm und organisierter Abendunterhaltung entdeckten wir, dass die authentischsten und unterhaltsamsten Momente die ungeplanten Begegnungen mit den Inselbewohnern waren.

Die Fischer am Hafen wurden tatsächlich zu unseren inoffiziellen Reiseführern. Ihre Geschichten über Sturmfluten, geheimnisvolle Fischschwärme und die Veränderungen der Insel über die Jahrzehnte waren spannender als jede Touristen-Information. Thomas wurde zum Stammgast auf ihrer Bank am Hafen, lernte die Namen der verschiedenen Bootstypen und entwickelte eine erstaunliche Expertise in Gezeitenkunde.

Der Bäcker in unserem Dorf, der in seiner Freizeit gern angelte, wurde zu einer weiteren Konstante in unserem Urlaub. Anfangs kamen wir nur wegen der fantastischen Brötchen, bald aber auch wegen seiner täglichen Updates über das Inselleben und seiner Anekdoten. Er wusste, wie viele Seeadler auf Usedom lebten, kannte sie beim Vornamen, wusste wo sie zu finden waren und warum der Windmesser am Hafen immer fünf Knoten zu viel anzeigte.

Besonders beeindruckend war die Offenheit der Inselbewohner. Keine aufgesetzte Freundlichkeit wie an den Rezeptionen in unpersönlichen Hotelburgen, sondern eine ehrliche, manchmal auch knorrige Art der Kommunikation. „Wenn dir kalt ist, musst du dich bewegen!", war der Standard-Ratschlag des Hafenmeisters – egal ob bei Sonnenschein oder Sturm.

Auch die lokalen Geschäfte wurden zu Informationszentralen. In der Dorfapotheke erfuhren wir nicht nur, was gegen Sonnenbrand half, sondern auch, warum der Sanddorn auf Usedom besonders heilkräftig sei. Die Apothekerin kannte jeden Heilkräutergarten der Insel und hatte zu jeder Pflanze mindestens drei Anwendungsgeschichten parat.

Im kleinen Souvenirladen am Marktplatz verbrachten wir regelmäßig unsere Regenpausen. Die Besitzerin, eine pensionierte Lehrerin, hatte ein schier unerschöpfliches Repertoire an Inselgeschichten. Von versunkenen Dörfern bis zu skandalösen Liebesgeschichten der Kaiserzeit – ihre Erzählungen machten die Geschichte der Insel lebendig.

Thomas entwickelte zudem eine besondere Beziehung zum örtlichen Fahrradmechaniker. Was als normale Reparatur begann, wurde zu regelmäßigen „Fahrrad-Philosophie-Stunden". Während der alte Mechaniker an den Rädern schraubte, philosophierte er über das Leben, das Wetter und warum die besten Radwege immer die sind, die auf keiner Karte stehen.

Die Marktfrauen wurden zu unseren Ernährungsberaterinnen. Sie wussten genau, welcher Fisch gerade Saison hatte, wie man Sanddornmarmelade richtig zubereitet und warum die Kartoffeln von der Insel besser schmeckten als alle anderen. Ihre Rezepte wurden zu unseren kulinarischen Souvenirs.

Die abendlichen Gespräche in der Dorfkneipe waren wie eine tägliche Lokalzeitung in Echtzeit. Hier erfuhren wir, wer den größten Hecht gefangen hatte und welche alten Wetterprophezeiungen tatsächlich stimmten. Thomas' anfängliche Skepsis gegenüber dem „Dorftratsch" wich schnell einer regelrechten Begeisterung für diese Art der Nachrichtenübermittlung.

Besonders wertvoll waren die Begegnungen mit den älteren Inselbewohnern. Ihre Geschichten von früher, von der Zeit vor dem Tourismus, von harten Wintern und reichen Fischzügen, gaben uns ein völlig neues Verständnis für die Insel. Keine Touristenbroschüre konnte diese persönlichen Einblicke ersetzen.

Die Kinder der Insel wurden zu unseren besten Naturführern. Sie wussten, wo die scheuen Reiher nisteten, kannten die besten Stellen zum Muschelsuchen und hatten ein untrügliches Gespür dafür, wann die Wassertemperatur zum Baden perfekt war. Ihre unbeschwerte Art, die Insel zu erleben, war ansteckend.

In einer kleinen Inselbibliothek entdeckten wir nicht nur alte Bücher über die Geschichte Usedoms, sondern auch die Bibliothekarin als wandelnde Enzyklopädie des Insellebens. Sie kannte jeden historischen Sturm beim Namen und wusste, welche Legenden einen wahren Kern hatten.

Die Fischer-Witwe, die jeden Morgen ihre Katzen am Hafen fütterte, wurde zu unserer inoffiziellen Wettervorhersagerin. Ihre Prognosen, basierend auf Wolkenformationen und dem Verhalten der Möwen, waren treffsicherer als jede Wetter-App.

Der Unterschied zu unseren früheren Pauschalreisen hätte größer nicht sein können. Statt anonymer Hotelgäste waren wir nun Teil eines lebendigen Dorflebens. Die anfängliche Sehnsucht nach Animation und organisierter Unterhaltung wich der Freude an echten Begegnungen und authentischen Gesprächen.

Wie diese menschlichen Begegnungen auch unsere Einstellung zu Bewegung und Fitness veränderten und wie wir dabei feststellten, dass man für ein aktives Leben keine Fitnessstudio-Abo braucht, erzähle ich euch im nächsten Kapitel. Nur so viel: Es wird eine Geschichte von ungeplanten Wanderungen, spontanen Radtouren und der überraschenden Erkenntnis, dass man beim Muschelsuchen mehr Schritte macht als auf jedem Laufband.

Mein Mann, der Schrittzähler-Junkie

„Sandra, das GPS sagt, wir haben heute 20.000 Schritte gemacht!", verkündete Thomas triumphierend beim Abendessen, als hätte er gerade den Mount Everest bestiegen. „Und das Beste ist: Davon waren mindestens 2.000 Schritte auf der Suche nach einem Café, das noch Käsekuchen hat!" Die Verwandlung meines bewegungsallergischen Mannes in einen Schrittzähler-Besessenen war eine der komischsten Entwicklungen unseres Urlaubs. Der Mann, der zu Hause den Aufzug für eine Etage nahm, analysierte plötzlich seine Bewegungsdaten mit der Akribie eines Sportwissenschaftlers.

Alles begann damit, dass Thomas seine Fitness-App wiederentdeckte – jene App, die er vor Jahren installiert und dann gekonnt ignoriert hatte. Plötzlich wurde jeder Gang zum Bäcker zu einer dokumentierten Trainingseinheit. „Das sind 847 Schritte hin und zurück", verkündete er stolz, „wenn wir den Umweg durch den Park nehmen, können wir die 1.000 knacken!"

Seine kreativen Ausreden für zusätzliche Bewegung wurden täglich unterhaltsamer. „Der Strand auf der anderen Seite hat bestimmt bessere Muscheln" oder „Lass uns mal gucken, ob die Fischbrötchen am anderen Ende der Promenade wirklich größer sind" waren nur einige seiner Strategien, um die Schrittzahl zu erhöhen.

Besonders amüsant war seine neue „Strand-Fitness-Theorie". Jeder Gang im Sand wurde mit dem Faktor 1,5 multipliziert – seine eigene Erfindung, die er mit wissenschaftlich klingenden, aber völlig aus der Luft gegriffenen Argumenten verteidigte. „Das ist wie Krafttraining für die Waden, aber mit Meerblick!"

Die Suche nach dem perfekten Fotomotiv wurde zur Cardio-Session umfunktioniert. Wo wir früher schnell ein Selfie geschossen hätten, umrundeten wir jetzt das Motiv mehrfach, um „die beste Perspektive" zu finden. Dass dabei nebenbei hunderte Schritte zusammenkamen, war natürlich reiner Zufall.

Seine Begeisterung für aktive Pausen war ansteckend. Statt sich auf eine Bank zu setzen, schlenderten wir am Wasser entlang, sammelten Muscheln oder spielten „Möwen-Spotting" – ein von Thomas erfundenes Spiel, bei dem man verschiedene Möwenarten identifizieren musste, während man in Bewegung blieb.

Die abendlichen Spaziergänge wurden zu regelrechten Expeditionen. „Noch zwei Kilometer bis zur nächsten Stufe!", war sein neues Mantra, wenn ich eigentlich schon längst ins Bett wollte. Seine Fähigkeit, selbst am späten Abend noch Gründe für „nur noch eine kleine Runde" zu finden, war beeindruckend.

Das Phänomen der „Zusatzschleifen" wurde zu unserem Running Gag. Egal wo wir hingingen, Thomas fand einen Grund für einen kleinen Umweg. „Oh, lass uns mal kurz gucken, ob da hinten vielleicht Kraniche sind" oder „Diese Straße sieht interessant aus" waren seine Standardausreden für ungeplante Extrameilen.

Die Integration von Bewegung in alltägliche Aktivitäten erreichte neue Höhen der Kreativität. Beim Warten aufs Essen ging er „nur mal kurz um den Block", das Trocknen der Badesachen wurde zum Anlass für einen Spaziergang, und selbst das Telefonieren musste unbedingt in Bewegung stattfinden.

Seine Wettertheorie wurde dabei immer ausgefeilter. „Bei Regen verbrennt man mehr Kalorien", behauptete er mit fester Überzeugung, „weil der Körper sich gegen die Nässe wehren muss." Die wissenschaftliche Grundlage dieser Theorie war fragwürdig, aber seine Motivation, auch bei Schmuddelwetter rauszugehen, war bewundernswert.

Das Konkurrenzelement kam ganz von selbst ins Spiel. Erst verglich Thomas seine Tagesleistungen mit sich selbst, dann mit anderen Urlaubern, und schließlich entwickelte er eine regelrechte Obsession damit, die „Durchschnitts-Schrittzahl aller Usedom-Besucher" zu übertreffen – eine Zahl, die er sich offensichtlich ausgedacht hatte.

Die Entwicklung neuer Bewegungsspiele wurde zu seinem Hobby. „Möwen-Meditation" (im Stehen dem Möwenflug folgen) und „Muschelmarathon" (wer findet die meisten Muscheln in 1000 Schritten?) waren nur einige seiner Erfindungen.

Selbst das abendliche Essengehen wurde zur sportlichen Aktivität umfunktioniert. Restaurants in Laufentfernung wurden bevorzugt, wobei „Laufentfernung" in Thomas' Definition erstaunlich dehnbar war. „Fünf Kilometer sind doch ein schöner Verdauungsspaziergang!", war sein Kommentar zu seinen ambitionierten Restaurantauswahlen.

Seine detaillierte Dokumentation der täglichen Aktivitäten wurde immer aufwendiger. Neben der reinen Schrittzahl notierte er Wetter, Untergrund (Sand, Asphalt, Wiese) und „gefühlte Anstrengung". Die Kategorie „kompensatorische Eisportionen" führte er allerdings erst gegen Ende des Urlaubs ein.

Die Geschichte, wie diese neue Bewegungsfreude nicht nur unsere Fitness, sondern auch unsere Körper veränderte und wie wir dabei feststellten, dass unter der Urlaubsbräune plötzlich ungeahnte Muskelgruppen zum Vorschein kamen – nun, das ist eine andere Geschichte. Eine von überraschenden Spiegelbildern, enggewordenen T-Shirts und der erstaunlichen Erkenntnis, dass Strandwandern effektiver sein kann als jedes Fitnessstudio. Aber das erzähle ich euch im nächsten Kapitel.

Usedomer Strand-Adonis

„Sandra, komm mal schnell! Ich glaube, ich sehe Muskeln!", rief Thomas eines Morgens aus dem Badezimmer. Mit der Begeisterung eines Archäologen, der gerade die Reste einer antiken Stadt entdeckt hatte, stand er vor dem Spiegel und betrachtete seinen Bauch von allen Seiten. „Das muss vom Muschelsammeln kommen – das ist definitiv Functional Training!"

Ich hatte keine Ahnung, woher mein Mann dies nun wieder aus dem Ärmel schüttelte. Ich selbst musste den Begriff erst googeln, um festzustellen, dass bei dieser Trainingsmethode tatsächlich alltagsrelevante Bewegungen nachgeahmt und mehrere Muskelgruppen gleichzeitig beansprucht werden. Ob Muschelsuchen nun aber als Inbegriff für Functional Training herhalten konnte, da hatte ich so meine Zweifel. Nicht jedoch, dass die körperliche Verwandlung meines Mannes während unseres Usedom-Urlaubs wie eine dieser Vorher-Nachher-Werbeaufnahmen war – nur ohne Photoshop und mit deutlich mehr Humor. Der Mann, der zu Hause jeden Fitness-Trend als vorübergehende Modeerscheinung abgetan hatte, analysierte nun jeden neu entdeckten Muskel wie ein Wissenschaftler.

Seine morgendliche Routine hatte sich komplett verändert. Statt verschlafen ins Bad zu schlurfen, sprang er regelrecht aus dem Bett, um zu überprüfen, ob sich über Nacht weitere „Definitionsfortschritte" eingestellt hatten. Die Badezimmerbeleuchtung wurde mithilfe der Nachttischlampe dabei strategisch optimiert, „um die Schattierung der Muskulatur besser zu erkennen", wie er fachmännisch erklärte.

Besonders unterhaltsam war seine neue Expertise in Sachen Körperanalyse. Plötzlich kannte er Begriffe wie „schräge Bauchmuskulatur" und „Trizepsdefinition". Woher er dieses Wissen hatte, blieb sein Geheimnis, aber er streute die Fachbegriffe in jede Unterhaltung ein, als hätte er heimlich ein Medizinstudium absolviert.

Die Verwandlung seiner Urlaubsgarderobe war dabei ein Kapitel für sich. T-Shirts, die vorher locker saßen, wurden plötzlich als „körperbetont" bezeichnet. Der Mann, der zu Hause nie ohne übergroßes Hemd aus dem Haus ging, präsentierte nun stolz seine „durch Strandwandern gestählten" Oberarme ... Häh? Nun ja, auf jeden Fall wurden seine Theorien über den Zusammenhang zwischen verschiedenen Strand-Aktivitäten und Muskelaufbau täglich kreativer. Muschelsuchen war plötzlich „funktionales Rückentraining", Schwimmen in den Wellen wurde zum „High-Intensity-Intervall-Training" erklärt, und selbst das Sonnenbaden bekam einen sportlichen Aspekt: „Das ist isometrisches Training – ich spanne dabei alle Muskeln an!"

Die Entdeckung seiner Wade als „Problemzone" führte zu den skurrilsten Situationen. Egal wo wir waren, er musste ihre Entwicklung überprüfen. In jeder spiegelnden Oberfläche – Schaufenstern, Autotüren, sogar in der blank polierten Kaffeekanne beim Frühstück – wurde nach Anzeichen von Muskelwachstum gesucht.

Seine „wissenschaftlichen" Erklärungen für die körperlichen Veränderungen waren dabei höchst unterhaltsam. Der Salzgehalt der Luft, die spezielle Zusammensetzung des Ostseesandes und sogar die Verwendung von regionalem Honig im Müsli wurden als Faktoren für den Muskelaufbau angeführt. Die Logik dahinter war manchmal etwas gewagt, aber seine Überzeugung unerschütterlich.

Die abendlichen „Fortschrittskontrollen" wurden zum festen Ritual. Jede noch so kleine Veränderung wurde dokumentiert und analysiert. Seine Begeisterung über einen vermeintlichen „Ansatz von Bauchmuskeln" war dabei so ansteckend, dass auch ich mich dabei ertappte, bei meinem Körper auf die Suche nach Veränderungen zu gehen.

Besonders stolz war er auf seine „Strand-Fitness-Formel": Je mehr Sand an den Füßen, desto intensiver das Training. Nach dieser Logik waren selbst die kürzesten Wege zum Strandkiosk hocheffektive

Workout-Einheiten. Seine Berechnungen der dabei verbrannten Kalorien wurden mit jedem Tag fantasievoller.

Die Entwicklung seiner „Usedom-Muskel-Typologie" war ein weiteres Highlight. Jeder Muskel bekam einen inselbezogenen Namen: Die „Muschelsucher-Muskeln" im unteren Rücken, die „Wellenspringer-Waden" und natürlich die „Deich-Wanderer-Deltoids". Das anatomische Lexikon hätte seine Freude gehabt.

Seine neue Gewohnheit, zufällig dort das Handtuch auszubreiten, wo gerade andere Urlauber Sport machten, war dabei durchaus durchschaubar. „Die Aussicht ist hier einfach besser", behauptete er, während er heimlich die Übungen der anderen kopierte und in sein „Strand-Workout" integrierte.

Die Verwandlung vom Strand-Tourist zum selbsternannten Fitness-Guru gipfelte in seinen „Expertentipps" für andere Urlauber. Seine Ratschläge, wie man „die natürliche Bewegungsenergie der Ostsee" für den Muskelaufbau nutzen könne, wurden mit einer Überzeugung vorgetragen, die jeden Personal Trainer vor Neid erblassen lassen würde.

Gegen Ende des Urlaubs war aus meinem gemütlichen Ehemann ein wandelndes Fitness-Lexikon geworden. Er konnte die Vorzüge verschiedener Strandzonen für unterschiedliche Muskelgruppen erläutern und hatte eine eigene Philosophie entwickelt, wie man „im Einklang mit den Gezeiten" trainieren sollte.

Die Geschichte, wie diese neu entdeckte Körperlichkeit auch unser Wellnessverständnis veränderte und wie wir dabei feststellten, dass die beste Entspannung nicht in einem Spa, sondern in der Natur zu finden ist, erzähle ich euch gleich. Es geht um morgendliche Spaziergänge, natürliche Peelings durch Ostseesand und die überraschende Erkenntnis, dass ein Sonnenuntergang am Achterwasser entspannender sein kann als jede Massage, getreu dem Motto: Wer braucht einen Hotel-Spa mit Thalasso, wenn man am Achterwasser wandern kann?

Wellness im Open-Air-Spa

„Also, dieser Ostseesand ist definitiv das beste Peeling der Welt!", verkündete Thomas mit der Überzeugung eines Beauty-Experten, während er barfuß durch den Sand stapfte. „Und das Beste ist, man muss nicht mal einen Termin buchen!" Seine Verwandlung vom Wellness-Skeptiker zum selbsternannten Naturkosmetik-Guru war eine der unterhaltsamsten Entwicklungen unseres Urlaubs.

Der Mann, der zu Hause jeden Spa-Besuch als „überteuertes Handtuch-Kuscheln" abgetan hatte, entwickelte plötzlich seine eigenen Wellnesstheorien. Das Achterwasser wurde zu seinem persönlichen Entspannungstempel, die Ostseeküste zum Open-Air-Spa, und jeder Spaziergang am Strand zu einer „ganzheitlichen Wellness-Erfahrung".

Seine Entdeckung der „natürlichen Hydrotherapie" war dabei besonders amüsant. Das Waten im knöcheltiefen Wasser wurde zur Kneipp-Anwendung, das Planschen in den Wellen zum „Thalasso-Treatment", und selbst das unfreiwillige Stolpern in eine Pfütze wurde kurzerhand zum „stimulierenden Fußbad" umgedeutet.

Die morgendliche Routine am Strand entwickelte sich zu einem regelrechten Ritual. Erst das „Sandscrubbing" – barfuß durch verschiedene Sandtexturen gehen, dann das „Luftbad" – tief durchatmen mit Blick aufs Meer, gefolgt von der „Soundtherapie" – dem Lauschen der Möwen und Wellen. Thomas' Fähigkeit, jeder Aktivität einen nach Wellness klingenden Namen zu geben, war beeindruckend.

Besonders kreativ wurde er bei der Entwicklung seiner „Strand-Yoga"-Varianten. „Möwen-Gruß" statt Sonnengruß, „Sandburg-Haltung" statt Berg-Position. Seine Behauptung, dass Yoga im Sand besonders effektiv sei, „weil man mehr Muskulatur zur Stabilisierung braucht", klang fast wissenschaftlich – wenn man nicht genau hinhörte.

Die Entdeckung des nassen Ufersands als „natürliche Beautyfarm" war ein weiteres Highlight. „Das ist wie eine Luxus-Schlammpackung, nur authentischer!", erklärte er begeistert, nachdem er versehentlich in einer schlickigen Stelle eingesunken war. Seine spontane Theorie über die „hautstraffende Wirkung von Ostseeschlick" war zwar wissenschaftlich fragwürdig, aber seine Begeisterung ansteckend.

Seine „Aroma-Therapie am Achterwasser" wurde zu einem täglichen Programmpunkt. Windrichtungen wurden verschiedenen Wellness-Effekten zugeordnet. Westwind war „entspannend", Ostwind „vitalisierend", und bei Windstille gab es die „intensive Salzluft-Kur". Die anderen Spaziergänger beobachteten amüsiert, wie er mit geschlossenen Augen den Wind „analysierte".

Die Verwandlung gewöhnlicher Strandspaziergänge in „therapeutische Wanderungen" war eine Kunst für sich. Jeder Untergrund bekam seine eigene Heilwirkung zugeschrieben: Sand für die Fußreflexzonen, Kiesel für die Durchblutung, Gras für die „bioenergetische Erdung". Seine Erklärungen wurden mit jedem Tag ausgefeilter.

Aus dem Muschelsammeln entwickelte er eine eigene Form der Meditation. „Das ist wie Achtsamkeitstraining", erklärte er, „nur mit echten Souvenirs statt langweiliger Mantras." Seine Technik, dabei in Zeitlupe zu gehen, um „die volle Entspannungswirkung zu erzielen", sah zwar etwas seltsam aus, aber seine Zufriedenheit war unübersehbar.

Die abendlichen Sonnenuntergänge am Achterwasser wurden zu unseren „Farbtherapie-Sitzungen". Mit der Ernsthaftigkeit eines Therapeuten erklärte er die verschiedenen Wirkungen der Abendhimmelfarben: Orange für Optimismus, Rosa für innere Ruhe, und Violett für – nun ja, eigentlich war ihm bei Violett keine Wirkung mehr eingefallen, aber es sah trotzdem schön aus.

Seine „Usedom-Wellness-Philosophie" wurde täglich ausgefeilter. Statt teurer Spa-Anwendungen propagierte er die „3-S-Methode": Sonne, Sand und Salzwasser. Seine Überzeugung, dass dies besser sei als jedes Luxus-Resort, wurde durch seine sichtbar entspannte Ausstrahlung tatsächlich unterstrichen.

Die Integration von Bewegung in sein Wellness-Konzept war genial in ihrer Einfachheit.

Deichspaziergänge wurden zu „Cardio-Meditation", Radfahren zur „dynamischen Entspannung", und selbst das Eincremen am Strand bekam einen sportlichen Aspekt: „Das ist wie Pilates, nur mit Sonnencreme!"

Besonders stolz war er auf seine Entdeckung der „natürlichen Klangtherapie". Das Rauschen der Wellen, das Rascheln der Dünengräser und das ferne Tuckern der Fischerboote wurden zu seinem persönlichen Entspannungs-Soundtrack. Seine Aufnahmen dieser „Wellness-Symphonie" auf dem Handy wurden allerdings durch Möwengeschrei und Kinderlachen etwas weniger entspannend als geplant.

Seine Theorien über die verschiedenen „Energie-Zonen" der Insel wurden mit jedem Tag fantasievoller. Der Streckelsberg war sein „Kraft-Hotspot", das Achterwasser seine „Regenerations-Zone", und der Strand seine „Vitalisierungs-Station". Die Karte, die er dazu zeichnete, hätte jeden Esoterik-Laden neidisch gemacht.

Der Höhepunkt seiner Wellness-Revolution war die Entwicklung der „Usedom-Therapie" – eine von ihm erfundene Kombination aus Strandspaziergängen, Möwenbeobachtung und gezieltem Nichtstun. Seine Behauptung, dass diese Methode „wissenschaftlich fundiert" sei, basierte zwar hauptsächlich auf seinen persönlichen Erfahrungen, aber die Ergebnisse sprachen für sich.

Die Geschichte, wie diese neue Form der natürlichen Entspannung uns zu immer aktiveren Urlaubern machte und wie wir dabei feststellten, dass echte Erholung oft mit Bewegung verbunden ist, folgt gleich. Es ist eine Geschichte von spontanen Wanderungen, ungeplanten Radtouren und der überraschenden Erkenntnis, dass man sich nach einem aktiven Tag in der Natur erholter fühlt als nach Stunden auf der Wellness-Liege.

Die Revolution der Stubenhocker

„Ich glaube, wir werden zu Outdoor-Menschen!", verkündete Thomas eines Morgens mit einer Mischung aus Schock und Stolz. „Gestern habe ich tatsächlich freiwillig vorgeschlagen, einen Umweg zu nehmen – nur um mehr von der Landschaft zu sehen!" Dieser Moment markierte offiziell unsere Verwandlung von notorischen Couchpotatoes zu begeisterten Naturentdeckern.

Die Verwandlung kam schleichend. Erst waren es nur kleine Spaziergänge am Strand, dann wurden daraus ausgedehnte Wanderungen, und plötzlich fanden wir uns auf Radtouren wieder, die länger waren als unsere meisten Autofahrten. Der Mann, der zu Hause die Fernbedienung als sein wichtigstes Sportgerät bezeichnete, plante nun Tagestouren mit der Akribie eines Expeditionsleiters.

Besonders amüsant war Thomas' neue Outdoor-Ausrüstungs-Obsession. Aus dem „Eine-Shorts-reicht-für-den-Urlaub"-Typ wurde ein wandelnder Outdoor-Katalog. Plötzlich brauchte er unterschiedliche Funktionsshirts für verschiedene Windstärken und diskutierte ernsthaft die Vor- und Nachteile verschiedener Wandersocken-Materialien.

Seine Entwicklung zum „Wetter-Philosophen" war dabei besonders unterhaltsam. Regen wurde von einer Urlaubskatastrophe zum „erfrischenden Naturerlebnis". Seine neue Lebensweisheit „Es gibt kein schlechtes Wetter, nur falsche Einstellung" hätte früher zu erheblichen Diskussionen geführt – jetzt nickten wir beide weise.

Die Entdeckung der verschiedenen Aktivitätslevel war wie eine wissenschaftliche Expedition. Von „Anfänger-Spaziergang" (flacher Strand) über „Medium-Wanderung" (Deichweg) bis hin zu „Premium-Route" (Streckelsberg) – jede Tour bekam ihre eigene Klassifizierung. Thomas' selbst entwickeltes Bewertungssystem berücksichtigte dabei Faktoren wie „Möwen-Dichte" und „Eis-Dielen-Frequenz".

Sein Verwandlungsprozess zum Naturexperten hatte dabei durchaus komische Züge. Plötzlich kannte er die Namen aller Wasservögel –

oder bildete sich zumindest ein, sie zu kennen. Seine kreativen Vogelbestimmungen wie „das muss eine östliche Watschelente sein" oder „definitiv ein gestreifter Brandungshüpfer" sorgten für einige Lacher bei echten Ornithologen.

Die Entwicklung seiner „Aktivitäts-Theorien" wurde täglich ausgefeilter. Jede Bewegung bekam ihre eigene Bedeutung: Strandspaziergänge waren „grundlegendes Koordinationstraining", Radfahren wurde zur „kardiovaskulären Optimierung", und selbst das Einpacken des Picknickkorbs wurde als „funktionales Krafttraining" deklariert.

Besonders stolz war er auf seine „Multi-Aktivitäts-Strategie": Während des Wanderns Muscheln sammeln (Koordination), dabei Möwen beobachten (Nackenmobilisation) und gleichzeitig über den Sand laufen (Fußgymnastik). Seine Fähigkeit, aus jeder simplen Aktivität ein komplexes Workout zu machen, war beeindruckend.

Die Verwandlung unserer Urlaubsplanung war radikal. Statt „Wie weit ist es zum nächsten Café?" war die erste Frage nun „Welche Wanderroute führt dorthin?". Restaurants wurden nicht mehr nach der Speisekarte, sondern nach ihrer Erreichbarkeit zu Fuß ausgewählt. Thomas' Begeisterung für „Hunger erwandern" wurde zu unserem neuen Urlaubsmotto.

Seine Entwicklung zum „Streckenfinder" hatte dabei fast mystische Züge. Mit der Überzeugung eines Wünschelrutengängers spürte er „spannende Nebenwege" auf. Dass diese uns gelegentlich in Sackgassen oder auf Kuhwiesen führten, tat seiner Begeisterung keinen Abbruch — es wurde einfach als „ungeplante Routenerweiterung" verbucht.

Die Integration von Naturbeobachtung in unsere Aktivitäten führte zu einigen skurrilen Momenten. Thomas entwickelte eine Technik des „bewegten Beobachtens" — praktisch Wandern mit schräg gelegtem Kopf, um ja keine Vogelart zu verpassen. Seine gelegentlichen Zusammenstöße mit Stranddünen kommentierte er stoisch als „Teil des Naturerlebnisses".

Aus dem ehemaligen „Ich-gehe-nur-bei-perfektem-Wetter-raus"-Menschen wurde ein Allwetter-Aktivist. Seine neue Outdoor-Garderobe umfasste bald mehr Funktionskleidung als sein normaler Kleiderschrank zu Hause. Die Entwicklung seiner „Zwiebeltechnik" beim Anziehen wurde zu einer wissenschaftlich anmutenden Prozedur.

Die Entdeckung der „aktiven Entspannung" war ein weiterer Meilenstein. Das Konzept, dass man nach einer langen Wanderung entspannter ist als nach einem Tag auf der Sonnenliege, war für uns beide eine Offenbarung. Thomas' Theorie, dass Muskelkater eine Form von „körperlichem Applaus" sei, war dabei zwar etwas gewagt, aber irgendwie charmant.

Seine Begeisterung für „Mikroabenteuer" wurde zu unserem täglichen Entertainment. Jede noch so kleine Entdeckung – sei es ein neuer Pfad, eine unbekannte Vogelart oder eine versteckte Strandbar – wurde mit der Euphorie eines Entdeckungsreisenden gefeiert. Seine detaillierten Berichte darüber in unserem Urlaubs-Blog hätten jeden Reiseschriftsteller neidisch gemacht.

Die Entwicklung einer eigenen „Aktivitäts-Sprache" war dabei unvermeidlich. „Kurze Runde" bedeutete mindestens zwei Stunden, „noch ein Stück" konnte locker fünf Kilometer sein, und „gleich um die Ecke" war eine sehr dehnbare Definition. Aber irgendwie gewöhnten wir uns daran und fanden es sogar normal.

Die Geschichte, wie diese neue Aktivität nicht nur unseren Körper, sondern auch unser gefühltes Alter veränderte und wie wir dabei feststellten, dass Bewegung der beste Jungbrunnen ist, erzähle ich euch im nächsten Kapitel. Nur soviel vorab: Es wird eine Geschichte von mehr Energie, strahlender Haut und der überraschenden Erkenntnis, dass man sich nach einem aktiven Tag draußen nicht nur fitter, sondern auch jünger fühlt.

Zurück in die Vierziger

„Sandra, ich schwöre, deine Haut ist glatter geworden!", verkündete Thomas eines Morgens mit der Begeisterung eines Schönheitschirurgen. „Das muss die Ostseeluft sein – oder vielleicht der Straffungseffekt beim Möwenbeobachten am Himmel!"

Seine neu entdeckte Rolle als Anti-Aging-Experte war echt kurios. Vor allem, da er sich vorher immer über meine Armada an Tages- und Nacht-Cremes sowie Body Lotions lustig gemacht hatte. Er selbst ließ an seine Gesichtshaut nur Wasser und … nichts. Nicht einmal bei einem Sonnenbrand nach einem Relaxtag am Pool in der Mittagssonne.

Doch er hatte recht. Auch ich hatte schon festgestellt, dass meine Haut strahlender geworden war. Nicht von heute auf morgen, sondern jeden Tag ein bisschen mehr. Erst verschwand die urlaubsbedingte Anfangsmüdigkeit, dann kehrte die Farbe in die Wangen zurück, und plötzlich bemerkten wir beide eine neue Spannkraft – nicht nur in den Muskeln, sondern auch in der Haut. Der Mann, der zu Hause jede Gesichtscreme als „überteuertes Wassergel" bezeichnet hatte, entwickelte plötzlich Theorien über natürliche Hautverjüngung.

Seine „Usedom-Anti-Aging-Formel" wurde täglich komplexer. Die Kombination aus Bewegung, Seeluft und Sonnenlicht wurde zu seinem Jungbrunnen-Cocktail erklärt. Jeder Spaziergang am Strand war nun nicht mehr nur Sport, sondern eine „ganzheitliche Verjüngungskur". Seine Überzeugung, dass Strandwandern mindestens fünf Jahre vom biologischen Alter abzieht, war zwar wissenschaftlich nicht belegt, aber seine strahlende Erscheinung sprach für sich.

Besonders amüsant war seine Entdeckung der „natürlichen Gesichtsgymnastik". Der Gegenwind beim Radfahren, das Lachen über seine eigenen Vogelbeobachtungs-Theorien und das ständige Staunen über Naturschauspiele wurden kurzerhand zum „Bio-Face-Lifting" erklärt.

Seine Behauptung, dass man beim Gegen-den-Wind-Radeln mehr Gesichtsmuskeln trainiert als bei jeder Massage, hatte dabei durchaus einen wahren Kern.

Die Wandlung seiner Hautpflege-Philosophie war bemerkenswert. Der Mann, der zu Hause Hautpflege für ein Marketingkomplott hielt, schwor plötzlich auf die „Drei-Elemente-Pflege": Ostseewasser als Toner, Sandbrise als Peeling und Sonnenlicht als Vitamin-D-Kur. Die detaillierten Erklärungen der „bioaktiven Wirkstoffe" in der Seeluft hätten jeden Kosmetikberater neidisch gemacht.

Seine Theorien über den Zusammenhang zwischen verschiedenen Aktivitäten und deren Verjüngungseffekt wurden immer kreativer. Muschelsuchen war gut für die Augenfalten (wegen des konzentrierten Blicks), Wellenspringen trainierte die Lachmuskulatur, und selbst das abendliche Sundowner-Ritual wurde zur „Entspannungs-induzierten Zellerneuerung" erklärt.

Die Entdeckung des „aktiven Glows" war ein weiterer Meilenstein. Diese besondere Art von Ausstrahlung, die man nach einem Tag in Bewegung hat, wurde zu unserem neuen Schönheitsideal. Thomas' Überzeugung, dass eine verschwitzte Wanderung mehr Ausstrahlung verleiht als jede Beautyfarm-Behandlung, wurde durch unser strahlendes Erscheinungsbild tatsächlich bestätigt.

Seine morgendliche „Frischekur" entwickelte sich zu einem regelrechten Ritual. Erst der Spaziergang am Strand bei Sonnenaufgang (für den „Morgenglow"), dann das Waten durch die Brandung (für die „Durchblutungsoptimierung"), gefolgt von einer „Windbad-Session" (für die „natürliche Hautstraffung"). Seine Erklärungen für jeden Schritt wurden dabei immer wissenschaftlicher – wenn auch nicht unbedingt korrekter.

Die Integration von Bewegung in sein Anti-Aging-Konzept war genial in ihrer Einfachheit. Jede Aktivität bekam ihre eigene „Verjüngungswirkung" zugeschrieben.

Radfahren war gut für den Stoffwechsel, Wandern für die Ausstrahlung, und selbst das abendliche Tanzen am Strand wurde zur „Zellerneuerungstherapie" erklärt.

Besonders stolz war er auf seine Entdeckung der „lachenden Bewegung". Seine Theorie, dass Aktivitäten, die Spaß machen, doppelt so verjüngend wirken wie „ernste" Sporteinheiten, führte zu einigen herrlich albernen Strandspaziergängen. Seine Technik des „freudigen Wanderns" – praktisch normales Strandwandern, aber mit einem permanenten Grinsen – wurde zu unserem Markenzeichen.

Die Entwicklung seiner „Usedom-Zeitrechnung" war dabei höchst unterhaltsam. Nach seiner Berechnung zählte ein Tag aktiver Inselerlebnisse für drei normale Tage – aber im positiven Sinne. Seine komplizierte Formel zur Berechnung des „gefühlten Alters" basierend auf Schrittzahl, Lachfrequenz und Möwenbeobachtungszeit war zwar mathematisch fragwürdig, aber irgendwie charmant.

Seine Beobachtungen über die „alterslosen Aktivitäten" wurden zu einer eigenen Philosophie. Bestimmte Dinge, so seine Theorie, ließen einen automatisch jünger fühlen: barfuß im Sand laufen, in den Wellen hüpfen, Sandburgen bauen. Seine Liste der „verjüngenden Aktivitäten" wurde täglich länger, und erstaunlicherweise hatten alle etwas mit Bewegung und Freude zu tun.

Die Verwandlung unseres „Erscheinungsalters" wurde sogar von anderen Urlaubern bemerkt. Kommentare wie „Ihr seht so erholt aus!" oder „Was ist euer Geheimnis?" führten dazu, dass Thomas seine „Usedom-Verjüngungskur" jedem erklärte, der nicht schnell genug weglaufen konnte. Seine Vorträge über die „natürliche Altersumkehr durch Inselbewegung" hätten jeden Wellness-Guru erblassen lassen.

Die Geschichte, wie diese neue Lebendigkeit nicht nur unser Aussehen, sondern auch unsere gesamte Einstellung zum Urlaub veränderte und wie wir dabei feststellten, dass wir die künstliche Wellness-Welt der Poolbars überhaupt nicht vermissten – nun, das ist eine andere Geschichte. Eine von authentischen Erlebnissen, echten Begegnungen und der überraschenden Erkenntnis, dass natürliche Aktivität mehr Freude bringt als jedes durchgestylte Unterhaltungsprogramm. Aber das erzähle ich euch im nächsten Kapitel: „Nein, ich vermisse die Poolbar tatsächlich nicht!".

Von All-Inclusive zum Sonnenuntergang am Achterwasser

„Weißt du, was ich gerade gedacht habe? Ich vermisse die Poolbar überhaupt nicht!", verkündete Thomas eines Abends am Strand, als wäre dies eine bahnbrechende wissenschaftliche Entdeckung. „Wer braucht schon einen Cocktail-Mix mit Schirmchen, wenn man hier den Sonnenuntergang am Achterwasser haben kann?" Diese Aussage, von meinem Mann, dem ehemaligen Poolbar-Stammgast, war so überraschend wie ein Schneesturm im August.

Die Verwandlung vom All-Inclusive-Fan zum überzeugten Natururlauber war ganz erstaunlich. Mein Thomas, der früher die Entfernung zur nächsten Hotelbar als wichtigstes Buchungskriterium betrachtete, schwärmte nun von Picknicks am Strand und Sundownern auf der Düne.

Besonders amüsant war seine neue Kritik an der „künstlichen Urlaubswelt". Plötzlich erschienen ihm die uniformierten Barkeeper, die synchronisierten Wassergymnastik-Einheiten und die standardisierten Animations-Shows als „erschreckend realitätsfern". Seine detaillierte Analyse der „authentischen Urlaubserfahrung" versus „inszenierter Ferienclub-Atmosphäre" hätte jeden Tourismusforscher beeindruckt.

Seine Entwicklung zum Authentizitäts-Guru hatte dabei durchaus komische Züge. Jedes naturbelassene Detail wurde zum Beweis seiner neuen Urlaubsphilosophie: reines Meerwasser statt gechlortes Poolwasser, natürliche Windgeräusche statt Loungemusik, echte Möwen statt Plastikflamingos. Seine Begeisterung für unverfälschte Urlaubserlebnisse wurde fast schon missionarisch.

Die Umwandlung seiner Unterhaltungsansprüche war bemerkenswert. Statt organisierter Animation fand er nun Vergnügen in der Beobachtung von Naturschauspielen. Seine neue Definition von „Premium-Entertainment" bestand aus Wolkenformationen, Wellenspiel und Möwenflug – ganz ohne Eintrittsgebühr und Reservierung.

Seine „Alternative-Aktivitäten-Theorie" wurde täglich ausgefeilter. Für jedes klassische All-Inclusive-Angebot fand er einen natürlichen Ersatz: Statt Aquafitness gab es Wellenschwimmen, statt Cocktailkurs Sanddornlikör-Verkostung, und statt Karaoke-Abend spontanes Meeresrauschen-Konzert. Seine Vergleichslisten wurden immer kreativer und überzeugender.

Besonders stolz war er auf seine Entdeckung der „natürlichen Bar-Atmosphäre". Der Strand wurde zur Lounge, Dünen zu exklusiven Sitzgelegenheiten und der Sonnenuntergang zur ultimativen Happy Hour erklärt. Seine Theorie, dass ein selbst mitgebrachter Wein mit Meerblick jeden Premium-Cocktail schlägt, war dabei schwer zu widerlegen.

Die Entwicklung seiner „Authentizitäts-Skala" war zudem höchst unterhaltsam. Erlebnisse wurden nun nach ihrem „Echtheitsfaktor" bewertet: Ein spontanes Gespräch mit Fischern bekam zehn von zehn Punkten, während eine organisierte Hafenrundfahrt bestenfalls eine Drei erreichte. Die Bewertungskriterien wurden dabei immer differenzierter.

Doch nicht nur mein Mann durchlebte in diesem Urlaub eine Metamorphose. Auch ich musste feststellen, dass unsere früheren All-inclusive-Urlaube längst nicht die Tiefe hatten, die wir uns immer wünschten, aber eigentlich nie erreichten. So hatte sich unsere neue Perspektive auf „Luxus" mittlerweile total verschoben. Echter Luxus bedeutete nun: keine Reservierung zu brauchen, keinen Dresscode zu beachten und keine vorgegebenen Essenszeiten einhalten zu müssen. Unsere Definition von „Fünf-Sterne-Erlebnis" hatte sich komplett gewandelt – von der klimatisierten Hotelbar zur perfekten Ausblick-Bank am Achterwasser.

Auch unsere Urlaubsroutine hatte sich radikal verändert. Statt nach dem Animationsprogramm richtete sich der Tagesablauf nun nach Sonnenauf- und -untergang, Gezeiten und Wetterbedingungen. Thomas' besondere Begeisterung für diese „natürliche Zeitplanung" war echt ansteckend.

Auch wenn seine Theorien über „biorhythmisch optimierte Strandspaziergänge" manchmal etwas übertrieben waren.

Das galt aber nicht für unsere Entdeckung der „echten Urlaubsgemeinschaft". Die zufälligen Begegnungen und spontanen Gespräche mit anderen Urlaubern und Einheimischen erschienen uns plötzlich wertvoller als jeder organisierte Kennenlern-Cocktail.

Dazu zählten auch die vielen „Zufallserlebnisse" in unserem Urlaub. Jede ungeplante Entdeckung, jede spontane Begegnung, jedes unerwartete Naturschauspiel wurden zu kleinen Highlights erklärt. Die Weisheit, dass oft die besten Momente die ungeplanten sind, wurde durch unsere Erfahrungen tatsächlich bestätigt.

Besonders amüsant war auch Thomas´ Entwicklung zum „Anti-Animations-Aktivisten". Seine Argumente gegen organisierte Unterhaltung wurden immer überzeugender: „Warum sollte man sich vorschreiben lassen, wann man Spaß haben soll?" und „Echtes Lachen kann man nicht choreographieren" waren dabei noch seine harmloseren Statements.

Die Verwandlung seines Verständnisses von „Urlaubsqualität" war fundamental. Qualität bedeutete nun nicht mehr die Anzahl der Cocktails auf der Karte oder die Größe des Pools, sondern die Authentizität der Erlebnisse und die Freiheit der Gestaltung. Seine neue Urlaubsphilosophie war dabei so überzeugend, dass selbst eingefleischte All-Inclusive-Fans ins Grübeln kamen.

Wie diese neue Perspektive auch unser Denken über den Alltag veränderte und wie wir begannen, Pläne zu schmieden, diese Urlaubserfahrungen in unser normales Leben zu integrieren erzähle ich im nächsten Kapitel. Dabei geht es um kreative Ideen, praktische Umsetzungsmöglichkeiten und die spannende Frage, wie man ein Stück Usedom-Feeling mit nach Hause nehmen kann.

Der Insel-Import: Gebrauchsanweisung für zu Hause

„Ich habe unseren Balkon gerade zum Mini-Achterwasser erklärt!", verkündete Thomas stolz, während er unsere Plastikpflanzen durch echte Gräser ersetzte. „Fehlen nur noch ein paar kreischende Möwen und ein Eimer Ostseewasser!" Seine Mission, das Usedom-Feeling in unseren Alltag zu integrieren, hatte damit offiziell begonnen.

Die Transformation unserer Stadtwohnung in ein „urbanes Küstenrefugium" war vermutlich das ambitionierteste Projekt seit unserer Renovierung vor fünf Jahren. Wobei Thomas' Interpretation von Ostsee-Feeling manchmal etwas eigenwillig ausfiel. Seine Sammlung angeschwemmter Holzstücke, strategisch im Wohnzimmer verteilt, kommentierte er mit „Das ist kein Strandgut, das ist maritime Dekoration!"

Er kreierte zunehmend auch Usedom-Strategien für unseren Alltag zuhause. Der Arbeitsweg wurde kurzerhand zur „urbanen Wanderung" erklärt. Statt der üblichen U-Bahn-Routine nahm er nun bewusst Umwege durch Parks, auf der Suche nach dem, was er „grüne Mikroabenteuer" nannte. Seine Schrittzähler-Statistiken schossen in die Höhe, auch wenn die „Dünenlandschaft" meist aus Bordsteinkanten bestand.

Die Umgestaltung unseres Balkons erreichte bald schon künstlerische Dimensionen. Jede Ecke bekam ihre eigene „Küsten-Identität": Die rechte Seite wurde zum „Strandabschnitt" (mit importiertem Ostseesand und Muscheln in Blumenkästen), die linke zur „Hafenpromenade" (mit maritimen Deko-Möwen und Fischerbooten). Seine Erklärung für die verwunderten Blicke der Nachbarn: „Die verstehen halt nichts von authentischer Küstenatmosphäre!"

Auch die liebgewonnenen „Küstenaktivitäten" wurden kreativ in den Arbeitsalltag integriert. Meetings wurden zu „Strategie-Spaziergängen" im Büropark umfunktioniert, die Mittagspause zur „aktiven Erholungszeit" erklärt.

Seine Kollegen waren anfangs verwirrt über seine neue Angewohnheit, jede Kaffeepause mit einem kleinen Rundgang zu verbinden, aber seine Begeisterung war ansteckend.

Besonders einfallsreich war seine Umsetzung der „Usedom-Ernährung" in den Alltag. Der Supermarkt wurde zur „urbanen Fischerhütte", der Wochenmarkt zum „Landküsten-Basar". Seine Suche nach dem „authentischsten Fischbrötchen der Stadt" wurde zur kulinarischen Expedition. Die Bewertungskriterien waren dabei streng: „Ein echtes Fischbrötchen muss nach Meer schmecken, nicht nach Kühltheke!"

Sein Usedom-Enthusiasmus für zuhause färbte auch bald auf mich ab. Die Entwicklung unserer „Indoor-Outdoor-Balance" war dabei höchst unterhaltsam. Jede häusliche Aktivität bekam ihre „Usedom-Interpretation": Staubsaugen wurde zu „Strandreinigung", Fensterputzen zu „Klarsicht-Training wie am Meer", und das Bodenwischen zum „Indoor-Stretching und Strandburgen-Bauen". Unsere Fähigkeit, selbst die banalsten Hausarbeiten in Küsten-inspirierte Aktivitäten umzudeuten, wurde immer beeindruckender und kreativer.

Wir entwickelten sogar eine „Mikrourlaubs-Theorie". Kleine Alltagsmomente wurden zu „Urlaubs-Flashbacks" umfunktioniert: Eine Tasse Tee am offenen Fenster wurde zur „Meerblick-Meditation", ein kurzer Spaziergang im Regen zum „maritimen Wettererlebnis", und selbst das Wäscheaufhängen auf dem Balkon wurde zum „Frischluft-Ritual mit Höhenlagenvorteil".

Die Integration von „Bewegungsoptimierung" in den Arbeitsalltag führte zu einigen kreativen Lösungen. Thomas funktionierte seinen Schreibtisch zum „Stehpult mit Weitblick" um, komplettiert durch ein „Anti-Bürostuhl-Konzept" – inspiriert von den „dynamischen Sitzmöglichkeiten am Strand". Seine Erklärung: „Weil man sich am Strand auch nicht acht Stunden auf dem Handtuch den Hintern platt sitzt!"

Jeder Park in der Umgebung wurde nach seinem „Küstenpotential" bewertet, jede Parkbank nach ihrer „Aussichtsqualität" klassifiziert.

Bald entstand so unsere persönliche Karte der „städtischen Erholungsgebiete mit maritimem Charakter" – ein wertvolles Navigationsinstrument für kurze Auszeiten.

Besonders ehrgeizig war unser „Projekt Feierabend-Transformation". Die Zeit nach der Arbeit wurde komplett neu strukturiert: Statt „Netflix and Chill" gab es nun „Nature and Move", getreu nach dem Motto: „An der Küste haben wir auch nicht den ganzen Abend auf der Couch verbracht!" Die resultierenden Aktivitäten reichten von Parkrundgängen bis zu improvisierten Balkon-Picknicks.

Unsere „Usedom-Adaptions-Checkliste" wurde dabei immer umfangreicher:

- Morgenroutine: Minimum 10 Minuten Frischluft (auch bei Regen!)
- Mittagspause: Mindestens einmal um den Block („urbane Küstenwanderung")
- Nachmittags-Break: Kurze „Aussichtsplattform-Meditation" (Balkon oder Fenster)
- Feierabend-Ritual: „Sonnenuntergangs-Spaziergang" (zeitlich flexibel)

Die Integration von „sozialer Interaktion" nach Usedom-Vorbild führte zu einigen amüsanten Situationen. Unsere Versuche, mit Nachbarn „wie mit Inselbewohnern" ins Gespräch zu kommen, waren manchmal etwas überenthusiastisch, vor allem bei meinem Mann: „Die Leute müssen sich erst an diese neue Form der urbanen Gemeinschaft gewöhnen", war seine Erklärung für gelegentlich verwirrte Reaktionen. Die Entwicklung seines „Alltags-Aktivitäten-Katalogs" nahm schon bald größere Dimensionen an. Jede gewöhnliche Aktivität bekam ihre „küstenoptimierte" Version:

- Einkaufen wurde zur „Versorgungsexpedition"
- Spaziergänge zu „Küstenpatrouillen"
- Balkonpflege zur „urbanen Landschaftspflege"

Die Geschichte, wie diese Alltagsveränderungen nicht nur unser tägliches Leben bereicherten, sondern auch zu einer völlig neuen Einschätzung unserer zukünftigen Urlaubsplanung führten und wie wir dabei feststellten, dass man für echte Erholung vielleicht gar nicht in die Karibik fliegen muss – nun, das ist eine andere Geschichte. Eine von überraschenden Erkenntnissen, neuen Prioritäten und der spannenden Frage, ob der nächste Urlaub vielleicht wieder nach Usedom geht. Aber das erzähle ich euch im nächsten Kapitel mit einem überraschenden Fazit.

Wer braucht schon Bahamas?

Wenn mir vor einem Jahr jemand gesagt hätte, dass mein Mann – der König der Luxusresorts und selbsternannte Infinity-Pool-Connaisseur – freiwillig einen Karibik-Urlaub gegen Usedom eintauschen würde, hätte ich denjenigen umgehend zu einem Drogentest geschickt. Doch hier saß er nun, mein Thomas, beim Frühstück und verkündete mit der Begeisterung eines Kindes am Weihnachtsmorgen: „Sandra, ich habe gerade unseren Karibik-Urlaub storniert! Stattdessen habe ich das gleiche Ferienhaus wie letztes Mal auf Usedom gebucht – für drei Wochen!"

Natürlich war ich zunächst skeptisch. Schließlich war das derselbe Mann, der früher Urlaubsziele ausschließlich nach der Anzahl ihrer Swim-up-Bars bewertete und Reisekataloge nur in der Premium-Kategorie durchblätterte. Aber seine Begeisterung war ansteckend, und je länger ich darüber nachdachte, desto mehr musste ich ihm insgeheim Recht geben.

Seine Argumentationskette für Usedom versus Karibik wurde dabei täglich kreativer. Mit der Akribie eines Wissenschaftlers hatte er eine komplette Vergleichsanalyse erstellt, die er stolz „Die ultimative Urlaubserleuchtung" nannte. Wo andere von türkisblauem Wasser und Palmenstränden schwärmten, hielt er leidenschaftliche Vorträge über die charakterstarke Ostsee und unsere sturmerprobten Kiefern. Besonders unterhaltsam war seine Neuinterpretation der klassischen Urlaubsstandards. All-Inclusive? „Völlig überbewertet!", verkündete er regelmäßig. „Auf Usedom haben wir All-Exclusive – statt zwischen fünf Buffets wählen wir zwischen hundert Stranderlebnissen!" Die Natur wurde kurzerhand zur Chefanimateurin erklärt und das Möwengeschrei zum authentischen Entertainment-Programm.

Seine Verwandlung vom Luxus-Resort-Liebhaber zum Ostsee-Fan führte zu einigen höchst amüsanten Neuinterpretationen. Plötzlich war die Bernsteinsuche spannender als jede Schnorchelexkursion, der Strandkorb komfortabler als jede Poolliege, und die abendliche Promenade aufregender als jede karibische Nacht.

Sogar das Wetter wurde neu definiert: „Die Ostsee hat eben Charakter – manchmal wild, manchmal sanft, aber nie langweilig!"

Ich verstand genau, was Thomas meinte. Die Karibik war wie ein perfekt inszeniertes Theaterstück – wunderschön, aber irgendwie künstlich. Usedom dagegen war wie ein spontanes Straßentheater – authentisch, überraschend und voller Leben. Statt zwischen Animation und Pool-Bar zu pendeln, erlebten wir echte Abenteuer: Strandwanderungen, die zu Expeditionen wurden, Sonnenuntergänge, die jeden Instagram-Filter übertrafen, und Begegnungen mit Menschen, die keine Rolle spielten, sondern einfach sie selbst waren.

Zugegeben, manchmal übertrieb Thomas es mit seinem Usedom-Enthusiasmus. Seine „Möwendichte pro Quadratmeter"-Statistik war vielleicht etwas zu wissenschaftlich, und seine Theorie, dass Sanddornschorle das neue Piña Colada sei, fand außer ihm niemand wirklich überzeugend. Aber seine Begeisterung war echt und seine Argumente, wenn auch manchmal kreativ interpretiert, hatten Hand und Fuß.

Die wahre Überraschung war jedoch, wie sehr sich unsere Urlaubsprioritäten verändert hatten. Früher war ein gelungener Urlaub eine Frage der Sterne-Kategorie und der Anzahl der Restaurants. Heute messen wir Urlaubsqualität in Sonnenuntergängen, Strandspaziergängen und spontanen Gesprächen mit anderen Urlaubern. Statt Cocktailkarten studieren wir Wanderkarten, statt All-Inclusive-Buffets genießen wir Picknicks am Strand oder im Achterland, und statt klimatisierter Hotelzimmer schätzen wir die frische Ostseebrise.

Das Beste daran: Wir sind nicht die Einzigen, die diese Entdeckung gemacht haben. Immer öfter treffen wir andere „Konvertierte" – ehemalige Fernreisende, die in Usedom ihr Urlaubsparadies gefunden haben. Die Geschichten ähneln sich: Erst kam man aus Neugier oder Zufall, dann aus Überzeugung, und schließlich aus Leidenschaft.

Was die Karibik hat? Sicher, türkisblaues Wasser, Palmen und ewigen Sommer. Was Usedom hat? Authentizität, Charakter und die Freiheit, jeden Tag neu zu entscheiden, was man erleben möchte. Hier muss man nicht einem vorgegebenen Animationsprogramm folgen oder sich an Buffetzeiten halten. Die einzigen Termine, die wirklich wichtig sind, machen wir selbst im Einklang mit der Natur.

Manchmal, wenn ich Thomas dabei beobachte, wie er begeistert unseren nächsten Usedom-Urlaub plant, denke ich an den Mann zurück, der einst nicht ohne Zimmerservice leben konnte.

Die Verwandlung ist erstaunlich – und absolut echt. Seine Augen leuchten, wenn er von „unserer" Insel spricht, als hätte er einen geheimen Schatz entdeckt. Und vielleicht ist es genau das: Wir haben nicht nur einen Urlaubsort gefunden, sondern einen Platz, an dem wir ganz wir selbst sein können.

Die Erkenntnis, dass das wahre Paradies nicht unbedingt am anderen Ende der Welt liegen muss, war dabei vielleicht die wertvollste. Manchmal liegt das Besondere eben nicht in der Exotik, sondern in der Authentizität. Nicht in der Perfektion, sondern in der Persönlichkeit. Und manchmal muss man erst einmal um die halbe Welt reisen, um zu erkennen, dass das Glück quasi vor der Haustür liegt.

Jetzt freue ich mich schon darauf, diese Erkenntnis mit unseren besten Freunden Nick und Gina zu teilen – eingefleischte Kreuzfahrt-Enthusiasten, die Urlaub bisher nur in Kabinenkategorien denken. Thomas hat bereits eine PowerPoint-Präsentation vorbereitet, komplett mit Vorher-Nachher-Fotos unserer „Urlaubserleuchtung". Das wird sicher interessant – aber das ist die nächste Geschichte.

Missionare der Einfachheit

Thomas' missionarischer Eifer in Sachen Usedom hatte mittlerweile fast schon komische Züge angenommen. An diesem Abend saß er wie ein Stratege vor seinem Laptop und bereitete sich auf das große „Bekehrungsdinner" mit Nick und Gina vor. „Sandra, ich habe sogar eine Excel-Tabelle erstellt, die beweist, dass man für den Preis einer Kreuzfahrt-Woche drei Usedom-Urlaube bekommt!", verkündete er stolz, während er an seiner Präsentation feilte.

Unsere Freunde Nick und Gina waren die personifizierte Kreuzfahrt-Romantik. Ihre Wohnung glich einem maritimen Museum, gespickt mit Souvenirs von unzähligen Schiffsreisen. Jedes Gespräch mit ihnen führte unweigerlich zu Geschichten über Kapitänsdinner, Pooldeckpartys und Landausflüge. Die Vorstellung, diese eingefleischten Kreuzfahrt-Enthusiasten von einem Urlaub ohne Kabinenbutler und Mitternachtsbuffet zu überzeugen, schien mir ungefähr so aussichtsreich wie einem Pinguin das Fliegen beizubringen.

Aber Thomas war in seinem Element. Seine „Bekehrungsstrategie", wie er es nannte, hatte er minutiös durchgeplant. Das Dinner sollte natürlich ein „Usedom-inspiriertes Menü" sein – von Ostseefisch bis Sanddornmousse. Die Tischdekoration erinnerte an einen Strandkorb-Unfall: überall Muscheln, Treibholz und sogar eine kleine Möwenfeder, die er wie eine Trophäe platzierte. „Atmosphäre ist alles!", erklärte er mit der Überzeugung eines Innenarchitekten.

Seine Argumentationskette hatte er in verschiedene „Überzeugungsphasen" eingeteilt. Phase 1: Sanfte Irritation - „Wisst ihr eigentlich, wie viel CO_2 eine Kreuzfahrt verbraucht?" Phase 2: Positive Alternativen - „Auf Usedom könnt ihr auch jeden Tag woanders essen, aber ihr müsst nicht gleich den halben Ozean durchpflügen." Phase 3: Emotionale Bindung – hier wollte er tatsächlich eine PowerPoint-Präsentation mit dem Titel „Vom Luxusliner zum Fischkutter – eine Reise der Erkenntnis" zeigen.

Während ich die Vorspeise vorbereitete, übte Thomas bereits seine Argumentationstechniken.

„Seht ihr, auf einem Kreuzfahrtschiff seid ihr eigentlich in einem schwimmenden Hotel gefangen. Auf Usedom habt ihr die Freiheit, spontan zu entscheiden, ob ihr heute den Sonnenaufgang am Strand, den Sonnenuntergang am Achterwasser oder beides erleben wollt!" Seine Begeisterung war dabei so ansteckend, dass selbst unsere Katze interessiert zuhörte.

Der Abend entwickelte sich zu einer Art Ein-Mann-Show der besonderen Art. Thomas hatte für jedes Kreuzfahrt-Argument ein Usedom-Gegenargument parat. Animationsprogramm? „Die beste Animation macht die Natur – und die hat deutlich mehr Erfahrung!" Verschiedene Restaurants? „Auf Usedom könnt ihr von der Fischbude bis zum Gourmet-Restaurant alles haben – und ihr müsst nicht mal einen Tisch reservieren!" Meerblick? „Bei uns bewegt sich nicht das Schiff, sondern wir selbst – viel authentischer!"

Nick und Gina saßen dabei wie hypnotisierte Kaninchen vor einer Kobra. Ihre Gesichter schwankten zwischen ungläubigem Staunen und vorsichtiger Neugier. Als Thomas seine berühmte „Dünen statt Decks"-Präsentation startete, komplett mit Vorher-Nachher-Bildern unserer eigenen „Urlaubserleuchtung", sah ich sogar einen Funken Interesse in Nicks Augen aufblitzen.

Der Höhepunkt des Abends war Thomas' live-Demonstration eines „typischen Usedom-Tages" – ein Ein-Mann-Theater der Extraklasse. Er mimte dabei alle Rollen: den entspannten Strandspaziergänger, den begeisterten Naturbeobachter, den philosophischen Sonnenuntergangsbetrachter. Seine Darstellung eines „authentischen Strandwanderers" im Vergleich zu einem „gestressten Landausflügler" war dabei so überzeugend, dass selbst Gina ihren Kreuzfahrtprospekt kurz sinken ließ.

Seine Kreativität in der Argumentation war dabei grenzenlos. „Stellt euch vor", philosophierte er beim Dessert, „auf einer Kreuzfahrt seht ihr jeden Tag einen anderen Hafen. Auf Usedom seht ihr jeden Tag denselben Strand – aber er ist nie derselbe! Mal ruhig, mal wild, mal geheimnisvoll im Nebel, mal glitzernd in der Sonne. Das ist wie hundert verschiedene Inseln in einer!"

Gina, die bisher jeden Urlaub nach der Anzahl der Spa-Anwendungen bewertet hatte, wurde tatsächlich nachdenklich, als Thomas von unseren „natürlichen Wellness-Erlebnissen" berichtete. Seine Beschreibung des „Bio-Peelings durch Ostseesand" und der „Thalasso-Therapie beim Strandwandern" klang dabei so überzeugend, dass sie ihre geliebte Spa-Menükarte kurz vergaß.

Nick, unser Gourmet-Experte, wurde besonders hellhörig bei Thomas' Ausführungen über die kulinarische Vielfalt. „Auf einem Schiff esst ihr internationale Küche, die überall gleich schmeckt. Auf Usedom probiert ihr regionale Spezialitäten mit Geschichte!" Seine detaillierte Beschreibung eines perfekten Fischbrötchens am Strand hatte dabei fast schon poetische Züge.

Die „Kostenfaktor-Analyse" war ein weiterer Höhepunkt des Abends. Mit der Akribie eines Wirtschaftsprüfers hatte Thomas ausgerechnet, wie viele Usedom-Urlaube man für den Preis einer Kreuzfahrt-Woche bekommen würde. Seine Präsentation „Mehr Urlaub fürs Geld – die Usedom-Rendite" hätte jeden Finanzberater neidisch gemacht.

Gegen Ende des Abends waren Nick und Gina zwar noch nicht völlig überzeugt, aber definitiv ins Grübeln gekommen. Als Thomas dann noch seine finale Karte ausspielte – ein Album voller Sonnenuntergangsfotos vom Achterwasser – sah ich in ihren Augen diesen speziellen Glanz, den ich von uns selbst kannte: den ersten Funken der Usedom-Erleuchtung.

Der Abend endete mit dem Versprechen, „mal darüber nachzudenken" – was in der Freundessprache so viel bedeutet wie „wir sind interessiert, wollen es aber noch nicht zugeben". Thomas' zufriedenes Lächeln verriet, dass er genau wusste, was er erreicht hatte. Seine Mission war nicht gescheitert, sie hatte gerade erst begonnen. Jetzt lag der Ball im Feld von Nick und Gina.

Abends im Bett murmelte Thomas noch etwas von „erweiterter Urlaubsplanung". Ich konnte förmlich sehen, wie sich in seinem Kopf bereits der nächste Masterplan formte.

Ein Jahr später – der Doktor staunt

„Ich verstehe das nicht", murmelte Dr. Meyer und studierte stirnrunzelnd unsere Laborwerte. „Haben Sie in der Zwischenzeit eine geheime Verjüngungskur gemacht?" Sein Blick wanderte ungläubig zwischen Thomas und mir hin und her, als hätte er gerade entdeckt, dass wir heimlich durch Doppelgänger ersetzt worden waren.

„Nun ja", grinste Thomas, während er sich aufrechter hinsetzte, „man könnte sagen, wir haben die Usedom-Therapie gemacht."

Dr. Meyer schaute so verwirrt drein, als hätte mein Mann gerade verkündet, dass wir eine Gurken-Diät auf dem Mars absolviert hätten.

Die Zahlen auf seinem Bildschirm sprachen eine eindeutige Sprache: Blutdruck, Cholesterin, Blutzucker – alles hatte sich dramatisch verbessert. Von Thomas' früherem Übergewicht waren ganze zwölf Kilo verschwunden, und meine Rückenschmerzen, die mich jahrelang geplagt hatten, waren nur noch eine ferne Erinnerung.

„Das muss ich genauer verstehen", sagte Dr. Meyer und lehnte sich interessiert vor. „Was genau ist diese ‚Usedom-Therapie'?"

Thomas' Augen begannen zu leuchten – das war sein Stichwort. Wenn es um Usedom ging, verwandelte sich mein Mann in einen begeisterten Motivationstrainer.

„Sehen Sie, Herr Doktor", begann er mit der Begeisterung eines Professors, der seine Lieblingsvorlesung hält, „es begann alles mit dem Achterland. Auf der Terrasse unseres Ferienhauses stand ein Strandkorb. Statt auf unsere Smartphones zu starren, schauten wir aufs Achterwasser. Statt der ständigen Benachrichtigungs-Plings unserer Handys hörten wir das Rufen von Möwen. Und schon am zweiten Tag merkten wir, dass der Strandkorb zwar gemütlich ist, aber der Strand und das Hinterland noch viel interessanter."

Dr. Meyer machte sich tatsächlich Notizen. Thomas fuhr fort: „Wissen Sie, was das Geniale an Usedom ist? Die Insel macht Sie ganz automatisch gesünder. Sie können gar nicht anders, als sich zu bewegen. Erst sind es kleine Strandspaziergänge, dann werden es längere Wanderungen, irgendwann entdecken Sie das Fahrrad – und plötzlich machen Sie Dinge, bei denen Ihr innerer Schweinehund früher in Ohnmacht gefallen wäre."

Ich musste schmunzeln, als ich mich an unsere ersten „Trainingseinheiten" erinnerte. Wie Thomas anfangs nach jedem Strandspaziergang theatralisch ins Bett fiel und verkündete, er hätte soeben den Marathon seines Lebens absolviert. Wie wir bei unserer ersten Fahrradtour ums Achterwasser nach zwei Kilometern eine „strategische Pause" einlegen mussten – natürlich rein zur Landschaftsbeobachtung, wie Thomas betonte.

„Aber das Beste ist", unterbrach ich Thomas' schwärmerischen Vortrag, „dass diese Bewegungsfreude nicht auf Usedom geblieben ist. Plötzlich haben wir auch zu Hause angefangen, jeden Abend spazieren zu gehen. Thomas hat sogar begonnen, zur Arbeit zu radeln – stellen Sie sich das mal vor!"

Dr. Meyer schaute immer interessierter. „Und die Ernährung?", fragte er. Thomas lachte. „Wissen Sie, wenn Sie den ganzen Tag an der frischen Luft sind, entwickeln Sie automatisch Appetit auf leichtere Kost. Irgendwann erscheint Ihnen ein frisches Fischbrötchen attraktiver als eine fetttriefende Pizza. Und dieses neue Essgefühl haben wir einfach mit nach Hause genommen."

„Zusammen mit einem Six-Pack Sanddorn-Likör", ergänzte ich augenzwinkernd. Sanddorn ist übrigens reich an Vitamin C – also quasi ein Medikament!"

Dr. Meyer tippte eifrig in seinen Computer. „Das ist faszinierend", murmelte er. „Eigentlich verschreibe ich meinen Patienten immer Bewegung, gesunde Ernährung und Stressabbau. Aber irgendwie schaffen es die wenigsten, das umzusetzen. Und Sie sagen, diese Insel macht das quasi von selbst?"

„Absolut!", bestätigte Thomas enthusiastisch. „Es ist wie eine Rundumkur, aber ohne dass man es merkt. Der Strand ist Ihr Fitnessstudio, das Meer Ihr Therapeut, und die Möwen sind die strengsten aber unterhaltsamsten Personal Trainer, die Sie je hatten!"

Dr. Meyer lehnte sich zurück und betrachtete uns nachdenklich. „Wissen Sie", sagte er schließlich, „eigentlich wollten meine Frau und ich dieses Jahr nach Mallorca. Aber vielleicht ..." Er ließ den Satz unvollendet, aber Thomas' Gesicht strahlte wie eine Leuchtreklame.

„Herr Doktor", sagte er feierlich, „ich glaube, Sie sind reif für die Usedom-Therapie. Warten Sie kurz ..." Er kramte in seiner Tasche und zog einen ganzen Stapel Broschüren hervor. Ich musste lachen – natürlich hatte er „Informationsmaterial" dabei. Mein Mann war mittlerweile der wandelnde Usedom-Werbeblock.

Als wir die Praxis verließen, war Dr. Meyer im Besitz eines kompletten „Usedom-Starter-Kits", inklusive Thomas' selbst erstellter Wanderkarte und einer Liste der „therapeutisch wertvollsten Sundowner-Plätze".

„Na", grinste ich, als wir aufs Fahrrad stiegen, „wieder einen bekehrt?" Thomas strahlte. „Warte nur ab", prophezeite er, „beim nächsten Check-up verschreibt er allen seinen Patienten die Usedom-Therapie. Ich sehe es schon vor mir: ‚Nehmen Sie dreimal täglich einen Strandspaziergang und rufen Sie mich morgen von einem Strandkorb aus an!'"

Auf dem Heimweg philosophierten wir darüber, wie viele Krankenkassen wohl Usedom-Urlaube als Präventionsmaßnahme anerkennen würden. Thomas war bereits dabei, ein Konzept für „Therapeutisches Strandwandern" zu entwickeln.

Manchmal frage ich mich, ob wir nicht langsam übertreiben mit unserer Usedom-Begeisterung. Aber dann denke ich an unsere verbesserten Gesundheitswerte, an unsere neue Bewegungsfreude und daran, wie gut uns diese Verwandlung tut – und stelle fest, dass man von dieser speziellen Art der Therapie eigentlich nie genug bekommen kann.

Und wer weiß – vielleicht verschreibt uns Dr. Meyer beim nächsten Mal ja tatsächlich drei Wochen Usedom auf Rezept. Zur Erhaltung der Gesundheit, versteht sich. Rein medizinisch indiziert, natürlich.

Von Cocktailschirmchen zu Sundownern im Achterland

Als ich vor zwei Jahren begann, dieses Buch zu schreiben, hätte ich nie gedacht, dass daraus eine Geschichte über die wohl erstaunlichste Entdeckung seit der Erfindung des Strandkorbs werden würde. Die Verwandlung meines Mannes vom All-Inclusive-Aristokraten zum überzeugten Ostseefan war dabei so unerwartet wie ein Schneesturm in der Karibik. Thomas, der früher Urlaubsziele nach der Anzahl ihrer Poolbars katalogisierte, kann heute stundenlang am Strand entlang wandern und über Möwenflug philosophieren. Seine Excel-Tabellen vergleichen nicht mehr Cocktailpreise, sondern Sonnenuntergänge, und sein einziger Stress ist die Frage, ob er den Sundowner am Ostseestrand oder am Achterwasser genießen soll.

Mittlerweile haben wir nicht nur Nick und Gina „bekehrt", sondern eine ganze Bewegung von Ex-Luxusurlaubern ins Leben gerufen. Unser Freundeskreis teilt sich nicht mehr in „First Class" und „Economy", sondern in „Team Achterland" und „Team Ostseestrand" – wobei die Diskussionen über die Vorzüge der jeweils anderen Option mindestens so hitzig geführt werden wie früher die Debatten über die beste Airline-Lounge.

Wer hätte gedacht, dass das größte Luxushotel der Welt ein endloser Ostseestrand oder eine kleine Bucht am idyllischen Achterwasser sein kann, der beste Butler ein selbst aufgestellter Windschutz und das exklusivste Restaurant eine Fischbude mit Meerblick? Manchmal muss man eben erst einmal um die halbe Welt reisen, um zu erkennen, dass das Paradies quasi vor der Haustür liegt – und noch nicht einmal einen Dresscode hat.

In diesem Sinne: Macht es wie wir – tauscht die Cocktailschirmchen gegen einen Aktiv-Urlaub voller Erlebnisse auf der Sonneninsel Usedom. Die Ostsee wartet schon!

Eure Sandra
(die ihren Mann nur noch „den Usedom-Flüsterer" nennt)